Hoffbauer *Älter werden nur die anderen*

Dr. med. Gabi Hoffbauer

Älter werden nur die anderen

Wie Sie fit
und gesund
bleiben

IRISIANA

IRISIANA

Alle Behandlungsvorschläge, Ratschläge und Hinweise in diesem
Buch sind von der Autorin sorgfältig recherchiert und geprüft worden. Behandlungen am menschlichen Körper beruhen stets auf individuellen Entscheidungen, die in vielen Fällen nur von einem Arzt ge-
troffen werden können. Eine Haftung der Autorin bzw. des Verlags
für einzelne Fälle ist daher ausgeschlossen.

Die Deutsche Bibliothek – CIP-Einheitsaufnahme
Hoffbauer, Gabi:
Älter werden nur die anderen : wie Sie fit und gesund bleiben /
Gabi Hoffbauer. - Kreuzlingen ; München : Hugendubel, 2001
(Irisiana)
ISBN 3-7205-2243-1

Umschlaggestaltung: Zembsch' Werkstatt, München
Redaktion: Barbara Imgrund
Produktion: Maximiliane Seidl
Satz: EDV-Fotosatz Huber/Verlagsservice G. Pfeifer, Germering
Druck und Bindung: Huber, Dießen
Printed in Germany
ISBN 3-7205-2243-1

Inhalt

Vorwort

Jetzt, da die zweite Lebenshälfte begonnen hat oder Sie sich möglicherweise schon mitten darin befinden, kann das Leben richtig anfangen. Sie haben vermutlich vieles von dem erreicht, wovon Sie in Ihrer Jugend geträumt haben. Und Sie haben die Dinge loszulassen gelernt, an denen zu haften Ihnen nur geschadet hätte. Sie haben beruflich ein beträchtliches Wissen erworben und können es mit unendlich vielen Erfahrungen würzen – was Ihnen fachliche Kompetenz, menschliche Tiefe, Entscheidungsfreudigkeit, Durchhaltevermögen, Menschenkenntnis und viele, viele weitere Vorteile eingebracht hat, um die Sie die Jungen nur beneiden können. Vielleicht verbreiten sie ja deshalb das Gerücht, man dürfte keinem über 30 trauen, oder ab der Lebensmitte entwickle sich der Mensch langsam, aber sicher wieder zurück.

Doch das Gegenteil ist der Fall – vorausgesetzt, Sie ruhen sich nicht auf Ihren Lorbeeren aus und Ihre Gedanken kreisen um mehr als um die Wahrung des Erreichten. Jetzt ist es nämlich an der Zeit, alte, in Vergessenheit geratene Wünsche und Pläne wieder ans Licht zu holen, neue Ziele zu suchen und andere Wege einzuschlagen. Jetzt geht es darum, noch beweglicher zu werden, den Reichtum an Erfahrungen durch immer neue zu vertiefen und von der Mitte des Lebens aufbrechend auch die Mitte im Leben zu finden. Es ist die Zeit gekommen, um zu geben, zu teilen und zu verändern – anstatt sich in Besitzstandswahrung oder -mehrung zu verlieren.

Und wenn dies alles gar nicht stimmt? Wenn Sie bisher im Leben längst nicht das erreicht haben, was Sie sich davon erhofft hatten? Wenn Sie von einer Enttäuschung in die andere gestolpert sind und an erster Stelle lernen mussten, Demut zu zeigen? Dann ist auch für Sie die Zeit gekommen, innezuhalten und zu analysieren, was Sie wirklich vom Leben erwarten und wie Sie es erreichen können. Jede Lektion, die Ihnen das Leben aufgegeben hat, kann sich noch in eine wichtige Erkenntnis verwandeln, die

Ihnen letztlich viel mehr beschert als vielleicht die Erfüllung eines Traumes, der gar nicht wirklich Ihrer war.

Die Mitte des Lebens ist nicht der höchste Punkt, von dem an alles unweigerlich nur noch abwärts geht. Er kann vielmehr zum Beginn eines neuen, besseren, friedlicheren, liebevolleren und erfüllteren Lebens werden, wenn Sie bereit sind für Veränderungen und diese auch aktiv und engagiert in Angriff nehmen.

Jetzt ist es auch Zeit, sich um den Körper zu kümmern – jenes »Haus«, das Ihnen in Ihren bisherigen Unternehmungen und Anstrengungen immer treu zur Seite gestanden ist, auch wenn Sie es manchmal wenig pfleglich behandelt oder seine Bedürfnisse vollkommen missachtet haben. Beginnen Sie, Ihren Körper wahrzunehmen und nett zu ihm zu sein. Auf ihn kommt es jetzt besonders an, wenn Sie die zweite Lebenshälfte mit wunderbaren Erfahrungen anfüllen wollen. Das gilt auch und gerade für Menschen, die bereits jetzt erleben, dass der Körper nicht mehr alles mitmacht, was man ihm zumutet, dass Zipperlein, Befindlichkeitsstörungen, sogar Krankheiten sich häufen oder ein chronisches Leiden seinen Anfang genommen hat.

Nehmen Sie diese und alle weiteren Veränderungen, die das Älterwerden mit sich bringt, wohlwollend an und begegnen Sie Ihnen aktiv, damit Sie sie nicht *erleiden*. Übrigens ist es nie zu spät, sich für einen freundlicheren, respektvolleren und damit gesünderen Umgang mit dem Körper zu entscheiden. Beginnen Sie spätestens dann damit, wenn Sie dieses Buch gelesen haben.

Und verabschieden Sie sich endlich von den Dingen, die Sie schon die letzten Jahre gestört, geärgert, krank gemacht oder behindert haben, ganz egal, worum es sich handelt – dann steht Ihnen wieder so viel Energie zur Verfügung, wie sie sonst nur die Jugend dem Körper gönnt. Zu all dem ist es nie zu spät, auch nicht, wenn Sie die zweite Lebenshälfte schon weit überschritten haben.

Was heißt hier alt?

Wann beginnt die zweite Lebenshälfte?

Der Fünfjährige hat kein Verständnis für seine ältere Schwester, der Teenager verspürt eine gewisse Verachtung gegenüber den 20-Jährigen, und diese wiederum sind sich darüber einig, dass man keinem jenseits der 30 trauen sollte. Für den gehören wiederum alle zum alten Eisen, die über 40 oder gar noch älter sind. Und selbst im Seniorenheim hört man auf die Frage, warum die ältere Dame denn nicht an den Gemeinschaftsabenden teilnehmen möchte: »Mit diesen alten Leuten möchte ich nun wirklich nichts zu tun haben.«

Wann Älterwerden beginnt, ist also subjektives Empfinden. Das trifft sicher auch für die zweite Lebenshälfte zu – obwohl man rein rechnerisch, da die Menschen zumindest in den westlichen Wohlstandsländern heute durchschnittlich knapp 80 Jahre alt werden, annehmen müsste, die zweite Lebenshälfte beginne mit dem 40. Geburtstag. Dies würde aber vermutlich jeder 40-Jährige vehement von sich weisen, und auch einem 50- und sogar 60-Jährigen behagt der Gedanke gar nicht, dass er sich nun in der zweiten und damit letzten Hälfte seines Lebens befindet.

Dieser weit verbreiteten Furcht vor dem Älterwerden hat sogar die Weltgesundheitsorganisation (WHO) Rechnung getragen, indem nach ihrer Definition der Altersstufen erst ein Mensch über 75 Jahre als alter Mensch gilt. Demnach könnte man sich auch darauf einigen, die zweite Lebenshälfte erst mit 50 beginnen zu lassen.

Die verschiedenen Altersstufen (nach der WHO)

51–60 Jahre	alternder Mensch
61–75 Jahre	älterer Mensch
76–90 Jahre	alter Mensch
90–100 Jahre	sehr alter Mensch
ab 101 Jahre	hochbetagter Mensch

Ist es aber der richtige Weg, das Älterwerden nur dann zu genießen, wenn man dabei jung bleiben, jung aussehen und sich jung fühlen kann? Was ist denn eigentlich so schrecklich am natürlichen Lauf des Lebens, wenn es in die zweite Hälfte übergeht? Statt sich darüber in Spekulationen zu verlieren, ist es wichtig, sich über die Vorzüge der zweiten Lebenshälfte bewusst zu werden und sich an ihnen zu erfreuen – ohne davon ablenken zu wollen, dass dieser Lebensabschnitt unweigerlich mit dem Tod endet und die letzte Zeit im Leben mit einigen Einschränkungen einhergehen kann.

Sie muss es aber keineswegs, und es ist nie zu spät, etwas dafür zu tun, ein langes, aktives und zufrieden stellendes Leben zu führen (auch wenn es Sinn macht, schon möglichst früh damit zu beginnen). Dazu gehört nicht nur eine gesunde Lebensweise, um Krankheiten vorzubeugen, sondern auch die Aneignung von Fähigkeiten, um mit vielen Veränderungen und auch einigen unvermeidbaren körperlichen und geistigen Einschränkungen des letzten Lebensabschnitts gut leben zu können.

Warum werden wir älter?

Diese Frage ist ebenso schwer zu beantworten wie die, warum wir überhaupt leben – auch wenn man im ersten Moment versucht ist zu antworten: »Wir werden älter, weil wir leben.« Doch hier zeigt sich schon, dass darin nicht nur die Frage nach der Zeit, sondern auch die Furcht vor der Endlichkeit mitschwingt und man deshalb auch fragen könnte: »Warum sterben wir überhaupt?« Letztlich interessiert uns weniger, wie viel Zeit uns unser Leben schenken wird, sondern warum wir dazu irgendwann keine Zeit mehr haben werden.

Tatsächlich macht auch die Natur diesen Unterschied: So gibt es einige wenige Lebewesen, die unsterblich sind. Dazu zählen Bakterien, einige einzellige Wimperntierchen und Sprosspilze. Sie werden zwar während ihrer Lebenszeit älter, aber irgendwann teilen sie sich immer wieder in jeweils neue Exemplare, und das Leben geht für sie unendlich weiter.

Auch Menschen besitzen einige solcher unsterblichen Zellen, nämlich die Geschlechtszellen, sodass sie, wenn sie sich fortpflanzen, dadurch ebenfalls gewissermaßen »unsterblich« werden.

Je höher ein Lebewesen jedoch entwickelt ist, desto mehr müssen sich seine Zellen zu bestimmten Organen und Geweben differenzieren, und es verliert – abgesehen von den Keimzellen – seine Fähigkeit zur Unsterblichkeit. Somit kann man Älterwerden und Sterben als Preis für ein hoch entwickeltes, individuelles Dasein betrachten. Die Überlegenheit eines solchen Daseins liegt in einer unendlichen Erlebnisfähigkeit, im Bewusstsein zu leben und darin, sich ständig körperlich, aber vor allem auch geistig und seelisch weiterentwickeln zu können.

Letztlich erfüllen alle Lebewesen den gleichen Zweck oder Sinn: Sie pflanzen sich fort, ob sie sich nun als Bakterien einfach teilen oder ob sie einen Partner suchen und Nachkommen zeugen. Wenn wir die Frage, warum wir älter werden, biologisch betrachten, indem wir beobachten, was mit den Lebewesen geschieht, dann fällt die Antwort schon etwas leichter: Alles Lebendige hat vor allem dafür zu sorgen, dass seine Art erhalten bleibt. Ist diese Aufgabe erledigt, so scheint auch der Lebenssinn erfüllt.

Früher oder später kommt dann für (fast) alle die Zeit, sich vom Leben zu verabschieden. Die Zeit bis dahin wird dem Lebewesen nur deswegen geschenkt, weil die Natur für reichliche Sicherheitsreserven gesorgt hat, um die Fortpflanzung unter allen Umständen zu ermöglichen. Ist das Leben in einer durchorganisierten und sicheren Umwelt weniger bedroht, so ist genügend Energie für die Vorbereitung auf die Nachkommen und deren Aufzucht übrig. Andere Lebewesen, deren eigenes Leben bereits durch viele Feinde und Konkurrenten sehr unsicher ist, nutzen hingegen ihre Energie dazu, möglichst viele Nachkommen in die Welt zu setzen, während sie selbst diese bald wieder verlassen. So und mit mehr oder weniger ähnlichen Theorien erklärt die Evolutionsbiologie das Älterwerden und Sterben – oder zumindest einzelne Gesichtspunkte davon.

Biologische Aspekte des Alterns

Auch wenn dadurch noch lange nicht die tiefe Ursache von Leben, Altern und Tod geklärt ist, kennt man mittlerweile zahlreiche Ursachen, die den Alterungsprozess fördern beziehungsweise steuern.

Freie Radikale und schädliche Umweltfaktoren

In unserer heute weitgehend sicheren westlichen Welt drohen dem Körper weniger große Verletzungen als vielmehr zahlreiche kleinere, von denen wir zunächst gar nichts merken, die sich aber im Laufe des Lebens summieren und schließlich zu Funktionsstörungen und zum Absterben von Zellen führen.

Dazu gehören natürliche Umwelteinflüsse wie radioaktive und ultraviolette Strahlen ebenso wie verschiedene Schadstoffe. Der Hauptteil dieser unmerklich kleinen Schädigungen entsteht jedoch im Körper selbst, und zwar bei der so genannten Zellatmung. Jede Zelle des Körpers stellt zusammen mit Sauerstoff zum Beispiel aus Traubenzucker (Glukose) oder aus Fetten energiereiche Moleküle her. Diese Energie kann bei Bedarf – etwa bei vermehrter Muskelarbeit – aus diesen Molekülen sehr schnell wieder freigesetzt werden. Der Prozess der Energiegewinnung aus den Nährstoffen findet in den Mitochondrien statt, kleinen Zellbausteinen, die in jeder Zelle des Körpers in unterschiedlicher Zahl vorkommen.

Die Mitochondrien besitzen zwei Zellhüllen (Membranen), wobei sich auf der inneren Hülle das System der so genannten Atmungskette befindet, durch die das energiereiche Molekül Adenosintriphosphat (ATP) und Wasser hergestellt werden. Außerdem verfügen die Mitochondrien über eigenes Erbmaterial (DNA), das nicht wie das im Zellkern durch eine Hülle geschützt ist.

Bei dem sehr komplizierten Prozess der Zellatmung können immer wieder kleinere Fehler unterlaufen: So gelangen zum Beispiel Elektronen auf ein Sauerstoffmolekül und machen es damit zu einem Freien Radikal. Als Freie Radikale bezeichnet man sehr reaktionsfreudige und aggressive Atome und Moleküle, die auf ihrer Suche nach einem Stoff, mit dem sie eine chemische Reaktion eingehen können, vor nichts Halt machen und viele Strukturen zerstören können. In den Mitochondrien selbst schädigen Freie Radikale verschiedene Eiweiß- und Fettmoleküle, auf die sie treffen.

Besonders gefährlich ist jedoch die Schädigung der eigenen Erbsubstanz in den Mitochondrien, da dies letztlich zum Untergang der Mitochondrien führt. Je weniger Mitochondrien aber einer Zelle als Energielieferanten zur Verfügung stehen, desto weniger kann sie auch leisten. Dadurch wird der Alterungsprozess beschleunigt.

Noch schlimmer wird es, wenn die Freien Radikale auf die in den Zellkernen gespeicherte Erbsubstanz, die Chromosomen, treffen und sie schädigen. Auf diesen Chromosomen ist die Information für jeden Bestandteil der Zelle gespeichert. Kann auch nur ein Teil, zum Beispiel ein Eiweiß, das für den Bau oder Betrieb der Zelle nötig ist, nicht mehr von den Bauplänen in den Chromosomen abgelesen werden, so gelingt seine Herstellung nicht mehr, und die Zelle geht möglicherweise zugrunde. Dies ist besonders fatal bei Zellen – etwa Nervenzellen –, die sich nicht teilen können, sodass also eine untergegangene Zelle nicht durch die Teilung einer anderen ersetzt werden kann.

Glücklicherweise existiert jedoch eine Reihe von Schutzmechanismen, die Freie Radikale unschädlich machen können – dazu gehören etwa verschiedene körpereigene Enzyme, darunter die Superoxidkatalase. Einige dieser schützenden Enzyme benötigen, um funktionstüchtig zu bleiben, die Anwesenheit von Vitamin A, C und E, weshalb diese Vitamine auch als Radikalenfänger oder Antioxidanzien bekannt geworden sind.

Obwohl sich dadurch theoretisch eine interessante Möglichkeit zur Vorbeugung und Behandlung von Schäden durch Freie Radikale ergeben könnte, ist bisher leider nicht belegt, dass die Zufuhr hoher Dosen dieser Vitamine tatsächlich eine günstige Wirkung haben könnte (siehe dazu auch Seite 163).

Auch die Ergebnisse einiger wissenschaftlicher Untersuchungen lassen die Hoffnung sinken, dass durch die Gabe hoher Vitaminmengen bestimmte Krankheiten oder der Alterungsprozess verhindert beziehungsweise aufgehalten werden können. Dagegen gibt es eine neue Hoffnung, sich auf ganz andere Art vor Freien Radikalen zu schützen. Mittlerweile gilt es für verschiedene Lebewesen (von den Insekten bis hinauf zu den Menschenaffen) als erwiesen, dass bei einer kalorienarmen, aber vielseitigen Kost weniger Freie Radikale im Stoffwechsel gebildet werden. Sollte dies eines Tages auch für den Menschen bestätigt werden, so könnte man durch eine gesunde und nicht zu energiereiche Ernährung sicherlich mit dazu beitragen, jung und gesund zu bleiben. Der wissenschaftliche Beweis dafür steht jedoch noch immer aus.

Die berüchtigte biologische Uhr

Neben den oben genannten Einflüssen, die eher zufällig den Alterungsprozess beeinflussen, gibt es auch eine – oder sogar mehrere – biologische Uhr(en). Beispielsweise das Einsetzen der Pubertät oder der Wechseljahre zu einem immer relativ gleichen Zeitpunkt im menschlichen Leben weist darauf hin, dass diese Prozesse von einer inneren Uhr gesteuert werden. Und dass für den Menschen das Leben mit spätestens 120 bis 135 Jahren vorbei ist – diese maximale Lebenszeit erreichte bisher jedoch kaum ein Mensch –, liegt unter anderem daran, dass sich der Großteil der menschlichen Zellen nur etwa 60mal teilen kann. Dieses abrupte Ende der Teilungsfähigkeit wird von mindestens vier verschiedenen Genen, einem Eiweißstoff und einem weiteren Phänomen gesteuert – der stetigen Verkürzung der Chromosomen im Laufe der Zellteilung.

Auf den Chromosomen in den Zellkernen befindet sich die gesamte Information für sämtliche Bauteile und Lebensvorgänge in den Zellen. Die Chromosomen bestehen aus zwei miteinander verbundenen Strängen, wobei man – in Anlehnung an die Fotografie – einen als Positiv und den anderen als Negativ bezeichnen könnte. Wenn sich eine Körperzelle nun teilt, lösen sich die beiden Chromosomenstränge voneinander, und für beide Teile wird nun wieder jeweils ein zweiter Strang gebildet: Das Positiv erhält ein neues Negativ und umgekehrt.

Diese Neubildung wird durch ein Enzym, die DNA-Polymerase, eingeleitet. Damit dieses Enzym mit seiner Arbeit beginnen kann, muss es ein bestimmtes Signal erhalten – was dadurch geschieht, dass ein Molekül sich auf ein Ende des Mutterstranges aufsetzt und sich nach dessen Verdopplung wieder von ihm trennt. Dieses Molekül verdeckt jedoch einen kleinen Teil des Chromosomenstranges, sodass die hier befindliche Information nicht abgelesen und dafür kein Duplikat angefertigt werden kann. Das ist zunächst nicht weiter schlimm, führt aber mit jeder Zellteilung zu einer weiteren Verkürzung des DNA-Stranges. Und irgendwann kann es passieren, dass durch die stetige Verkürzung eines DNA-Stranges eine wesentliche Information verloren geht, die zum Beispiel den Bauplan für ein wichtiges Eiweiß enthält. Dieses Eiweiß kann dann in der Tochterzelle nicht mehr gebildet werden, und diese geht möglicherweise daran zugrunde.

Allerdings ist dies nur *ein* Mechanismus, der für den Alterungsprozess und letztlich auch für den Tod verantwortlich sein mag. Daneben gibt es zahlreiche weitere genetisch festgelegte Prozesse, die die Zellalterung steuern. Auch kommen durch die Forschung immer wieder neue Erkenntnisse dazu, sodass man heute zwar schon einiges darüber weiß, wie der Alterungsprozess gesteuert wird (wobei sowohl genetische als auch Umweltfaktoren eine wichtige Rolle spielen); allerdings ist dies alles noch zu wenig, um die Frage, warum wir altern, ganz eindeutig zu beantworten.

Psychische und soziale Veränderungen in der zweiten Lebenshälfte

In der Lebensmitte hat das Altern zwar längst begonnen, doch meist bemerken wir in dieser Zeit nur wenig von den Defiziten, die der Alterungsprozess mit sich bringen kann – aber beileibe nicht muss. Definieren wir den Beginn der zweiten Lebenshälfte als das fünfte Lebensjahrzehnt, dann stoßen wir nicht auf Einschränkungen oder Verluste, sondern in der Regel auf die Hoch-Zeit des menschlichen Daseins. Die Kämpfe des Erwachsenwerdens, der Loslösung von den ursprünglichen Familie, die Gründung einer neuen und die Sicherung der Lebensumstände für deren Mitglieder sind in dieser Zeit bei den meisten Menschen abgeschlossen.

Auch die meisten Lernprozesse, vor allem im Beruf, sind beendet, und es beginnt eine Phase, in der man mit den erworbenen Fähigkeiten und Fertigkeiten die Anforderungen der Arbeit relativ spielerisch bewältigen und sich dem Ausbau des beruflichen Erfolges widmen kann. Bei manchen Menschen tritt diese relativ gleichförmige und ruhige Lebensphase sogar schon früher ein, und eingreifende Änderungen beginnen erst wieder dann, wenn die Berufstätigkeit endet. Diese Phase der zunehmenden Ruhe und Gelassenheit in der Lebensmitte birgt viele Chancen – aber ebenso auch einige Gefahren.

Die Macht der Gewohnheit

Im fünften Lebensjahrzehnt geht das Leben in der Regel einen gleichförmigen Gang: Die Arbeit ist längst Routine, die Partnerschaft stabil, und selbst bei den Freizeitaktivitäten ist man zum Profi geworden. Wenn die Routine im Beruf und Privatleben auch auf den ersten Blick einige Vorteile bringen mag, so kann sie besonders für die Partnerschaft zu einer großen Gefahr werden. Das Interesse am Partner verliert sich in alltäglichen Floskeln, die Neugier auf und der Respekt vor dem anderen lassen nach, und schließlich kann aus dem gemeinsamen Miteinander ein Leben werden, das man ohne große Gefühle nebeneinander und doch ziemlich einsam verbringt.

Die Situation spitzt sich oft drastisch zu, wenn die gemeinsamen Kinder das Haus verlassen. Hier zeigt sich jedoch auch schon, wie man der lähmenden Routine in der Partnerschaft begegnen kann: Für einen Teil der Paare bedeutet die Verabschiedung der Kinder eine weitere Verarmung der Beziehung. Die Trennung von den Kindern macht einigen bewusst, wie wenig sie einander noch bedeuten und wie sehr die gegenseitige Wertschätzung sich im Laufe der Jahre verloren hat. Für viele Partnerschaften leitet die Trennung von den Kindern oft auch die Trennung voneinander ein.

Andere Paare wiederum nutzen, wenn die erste Traurigkeit über das Weggehen der Kinder bewältigt ist, diese Chance und kommen einander wieder näher. Sie wenden ihre Gefühle nun wieder vermehrt dem Partner zu, entdecken neue Gemeinsamkeiten mit ihm, fördern gleichzeitig seine ganz persönlichen Interessen und unterstützen ihn in seinen Vorhaben. Diese beiden Komponenten – das Teilen von Interessen und Engagement und gleichzeitig die Anerkennung und Unterstützung des anderen als individuelles Wesen – sind für eine reife Partnerschaft vermutlich die wichtigsten Grundlagen. Um eine Liebesbeziehung lebendig zu halten, ist es von Bedeutung, sich selbst immer wieder ein wenig zu ändern und auf den anderen zuzugehen, statt zu versuchen, ihn zu verändern.

Dabei darf man jedoch nicht vergessen, dass die Stabilität, die eine Beziehung über die Jahre gewonnen hat, die Basis für mögliche Veränderungen erst bietet. Deshalb empfiehlt es sich, die Veränderungen vorsichtig und eingedenk der vielen Vorteile einer stabilen Partnerschaft vorzunehmen. Denn allzu großer Übermut endet nicht selten in einer zunächst nicht angestrebten Trennung.

Die Kinder wirklich loslassen

Für alle Beteiligten – insbesondere aber für die Mütter – ist es ein schwieriger und mehr oder weniger schmerzhafter Prozess, wenn die Kinder das Elternhaus verlassen und endgültig auf eigenen Beinen stehen. Es gibt viele Eltern, die diese Trennung als schwere Enttäuschung oder sogar als eine Bosheit der Natur betrachten und sich lange Jahre oder vielleicht nie ganz davon erholen. Sicherlich ist dieses Loslassen eines der schwersten, aber auch eines der edelsten Unterfangen im Laufe des reiferen Lebens. Denn jetzt werden die Kinder endgültig zu erwachsenen Menschen, und dies bietet die Chance, dass aus der behütenden, umsorgenden und auch leitenden Beziehung der Eltern eine echte Partnerschaft entsteht.

Viele ältere Menschen beklagen sich darüber, dass ihre Kinder sie nur selten besuchen, sich nicht für ihre Sorgen interessieren oder sie sogar völlig vernachlässigen. Dies geht Hand in Hand mit dem Fehler, dass viele Eltern nie damit aufhören, ihre Kinder zu »erziehen«, zu bevormunden und sie gar nach ihren Wünschen formen zu wollen, in denen sich oft unerfüllte eigene Lebensziele verbergen. Auch wenn es in der engen Eltern-Kind-Beziehung nicht immer möglich ist, die Persönlichkeit der Kinder zu fördern und deren ganz individuelle Entwicklung zu unterstützen – etwa, wenn sie in eine für die Eltern und auch für die eigene Zukunft ungünstige Richtung läuft –, so ist es zumindest nach der örtlichen Trennung der Lebensbereiche die Pflicht der Eltern, das ganz individuelle Leben ihrer Kinder verstehen und akzeptieren zu lernen. Eine ernst gemeinte Kritik von einem partnerschaftlich gestimmten Elternteil wird dann von den Kindern auch eher angenommen und überdacht.

Der lebenslange Versuch der Eltern, die Kinder in ihrem Sinne beeinflussen zu wollen, führt in der Regel zur endgültigen Auflösung jeglicher Beziehung. Kinder zu haben bedeutet für die Eltern auch, eine lange Zeit in ihrem Leben Verzicht üben zu müssen. Dieser Verzicht kann durch das tiefe liebevolle Gefühl, das zwischen Eltern und Kindern besteht, gänzlich ausgeglichen werden. Er sollte niemals Anlass dazu sein, von den erwachsen werdenden Kindern etwas zurückzufordern. Auch dies ist eine Aufgabe der Lebensmitte, die nicht immer im ersten Anlauf gelingt.

Die neu entstandene Leere muss nun wieder aufgefüllt werden durch andere Aufgaben im Leben, neue Interessen, Pläne und Ziele und die Erneuerung der Partnerschaft. Dies setzt jedoch oft eine gewisse Veränderung in der Lebensplanung voraus.

Mut zur Veränderung

Veränderung ist das offene Geheimnis eines zufrieden stellenden Älterwerdens, vielleicht insgesamt eines glücklichen Lebens. Denn nur wer immer dazu bereit ist, sich zu verändern, neue Erfahrungen zu machen, seine Fehler und die der anderen anzunehmen und daraus zu lernen, erwirbt genügend Fähigkeiten und Fertigkeiten im Leben, um auch mit den Defiziten des Alters nicht nur fertig zu werden, sondern selbst als hochbetagter Mensch ein zufriedenes, selbstbestimmtes und selbstständiges Leben zu führen. Dieses Prinzip ist natürlich auch im Berufsleben von großer Bedeutung. Ein Beispiel:

Ein junger Mann hatte nur einen Traum – er wollte noch vor seinem 30. Lebensjahr eine Million Mark verdienen. Als ihm das schon mit 28 gelungen war, definierte er als neues Lebensziel, spätestens mit 40 Jahren fünffacher Millionär zu sein. Auch dieses Ziel erreichte er, und nun hat er sich ein neues gesteckt: In den nächsten zehn Jahren will er sein Vermögen verdoppeln.

Auch wenn wir auf das Konto dieses Menschen mit gewissem Neid schauen mögen, so nimmt er sich doch die Chance, in seinem Leben etwas anderes zu erleben und zu erfahren, als Geld zu verdienen. Vielleicht besagt bereits das neue Ziel, das auf die Verdopplung des alten ausgerichtet ist, dass alles andere als das Geldverdienen ihm nicht nur unbekannt ist, sondern ihm auch Angst einflößt. Selbst wenn er all seine weiteren pekuniären Ziele im Leben erreichen mag, muss er doch eines Tages damit rechnen, dass körperliche Einschränkungen im Alter ihm nicht mehr

21

erlauben, immer wieder ein ähnliches Ziel anzustreben. Falls dies eintritt, was ihm natürlich niemand wünschen mag, fehlen ihm – vereinfacht gesagt – weitere Fähigkeiten, die ihm trotzdem ein würdiges Leben ermöglichen.

Ganz anders als in diesem extremen Beispiel schleicht sich bei vielen Menschen in »normal« dotierten Positionen ebenfalls zu Beginn der zweiten Lebenshälfte oder auch schon am Ende der ersten eine gewisse Routine ein, die oft in Langeweile oder sogar tiefem Verdruss endet. Die meisten Menschen entscheiden sich nun, die Rente herbeizusehnen oder auch die mit höherem Alter doch vielfältiger eintretenden gesundheitlichen Störungen als Grund dafür heranzuziehen, um frühzeitig aus dem Berufsleben auszuscheiden.

Doch dabei verschenken sie wertvolle Lebenszeit, denn das Leben beginnt nicht erst mit dem Ruhestand, sondern es spielt sich vornehmlich im Hier und Jetzt ab und hätte es verdient, dass es auch und gerade jetzt geschätzt und genossen wird. Jeder Mensch hat nur dieses eine Leben, und es wäre schade, diese geschenkte Zeit zu vergeuden und sich lediglich der Illusion hinzugeben, dass später alles besser werde. Denn oftmals erweist sich diese Hoffnung als Illusion, da die ersehnte Befreiung von den Pflichten und die Selbstverwirklichung in Hobbys und Freizeitaktivitäten auch nicht wesentlich zum Lebensglück beitragen.

Niemals aufgeben

Umgekehrt kann es passieren, dass selbst einem Menschen, der seine Arbeit über alles liebt, plötzlich gekündigt wird. Dies ist in der zweiten Lebenshälfte und oft auch schon Jahre zuvor nicht immer einfach, denn der Arbeitsmarkt gibt bereits für Jüngere nicht genügend Beschäftigung her. Dennoch ist es falsch, zu denken, dass das Arbeitsleben nun ein für alle Mal vorbei sei, dass nichts mehr ginge und man sich nun vielleicht schon mit 45 an einen 35 Jahre währenden Ruhestand gewöhnen müsse.

Auch hier gibt es immer wieder Möglichkeiten, eine neue berufliche oder auch ehrenamtliche Aufgabe zu finden, die sehr befriedigend sein kann. Tatsächlich kann man – auch ohne Förderung durch das Arbeitsamt – zu einem Experten auf einem bestimmten Gebiet werden und durch Fortbildung seine Attraktivität auf dem Arbeitsmarkt doch noch erheblich steigern. Und es bleibt jedem unbenommen, eine Idee in ein lukratives Geschäft umzusetzen und sich auch mit 60 noch selbstständig zu machen. Vielfach sind es die älteren Arbeitnehmer selbst, die sich im Falle der Arbeitslosigkeit durch Inaktivität, Resignation und Schuldzuweisungen an die ungerechte wirtschaftliche Struktur aufs Abstellgleis manövrieren. Folgendes Beispiel zeigt, dass eine zweite Karriere im Leben oft ganz außergewöhnlich und sogar spielerisch einfach beginnen kann:

Als ein 45-Jähriger seine Stelle in seinem Lehrberuf plötzlich verlor, unterwarf er sich seinem Schicksal und ging seinen Hobbys nach. Dabei begann er auch mit dem Stricken. Am Anfang fertigte er die üblichen einfachen Stücke wie Schals, dann fand er immer mehr Gefallen daran, außergewöhnliche Muster zu erfinden. Er fertigte kunstvolle Pullover und Jacken und stieß dabei in seiner Umgebung auf große Bewunderung. Schließlich hielt er sein neu gewonnenes Wissen in einem Buch fest, das sich hervorragend verkaufte und bald auch in andere Sprachen übersetzt wurde. Immer häufiger wurde er zu Vorträgen und Kursen in die ganze Welt eingeladen, um von Amerika bis Afrika seine neue Strickkunst zu verbreiten. Neben einem guten Auskommen hat er damit eine wunderbare neue Aufgabe erhalten.

Zeit für neue Aufgaben

Arbeit ist zwar ebenfalls kein Synonym für Lebensglück, umgekehrt ist sie jedoch ein wesentlicher Bestandteil des Lebens und ein vielfach unterschätzter Beitrag zur Selbstverwirklichung. Routinierte Arbeit kann Freude bereiten, wenn man ihre Früchte genießen kann und die dadurch gewonnene Gelassenheit und vielleicht ein Mehr an Zeit für sich selbst, seine Familie und dafür nutzt, neue Pläne zu schmieden. Sobald Arbeit jedoch langweilt oder sogar Anlass zu Frustration, Angst, Missmut oder Ärger wird, ist die Zeit gekommen, etwas zu ändern.

Denn es ist wirklich nie zu spät, etwas Neues zu tun, ausgetretene Pfade zu verlassen und sein Leben von Grund auf umzukrempeln. Daran ändern auch die Ausflüchte in die schlechte Marktlage, die hohe Arbeitslosenzahl und die Benachteiligung älterer Menschen auf dem Arbeitsmarkt nichts. Die Erziehung der unmündigen Kinder ist in der Regel nun ebenfalls beendet, sodass auch die Ausrede nicht zählt, man dürfe eine sichere Stellung nicht aufgeben, um das Wohl der Kinder nicht zu gefährden. Studenten von Eltern mit geringem Einkommen werden heute vom Staat bestens gefördert, und das Zuverdienen von etwas Taschengeld am Wochenende ist ebenfalls eine interessante Erfahrung für junge Menschen, die im Wolkenkuckucksheim einer Universität oft weit entfernt von der Realität des Alltags leben.

Also, warum ändern Sie Ihr Leben nicht, wenn es Ihnen nicht gefällt? Warum suchen Sie sich kein neues Betätigungsfeld? Warum lernen Sie nicht sogar einen neuen Beruf? Ein Beispiel:

Eine von ihren Patienten sehr geschätzte Allgemein- und Naturheilkundeärztin war mit 57 Jahren ihrer Praxis etwas überdrüssig geworden. Sie betrachtete einige Entwicklungen der modernen Medizin mit großer Skepsis und mochte sich obendrein nicht auch noch mit den immer größer werdenden Restriktionen und dem Papierkrieg einer Kassenarztpraxis auseinander setzen. Sie perfektionierte also ihr Hobby, die Astrologie, zu großem Können und zog mit ihren medizinischen und astrologischen Kenntnissen sowie mit ihren zwei Hunden und einer Katze in ein kleines Haus in Umbrien, wo sie ein bescheidenes, aber glücklicheres Leben führt. Auch sie hat einen Sohn, der mittlerweile gelernt hat, ohne die ihn ständig umsorgende Mutter einen Weg durchs Leben zu finden.

»Und wenn es schief geht?«, mögen Sie jetzt fragen – ungeachtet der Tatsache, dass ein Leben ebenfalls ein wenig schief gegangen ist, in dem die täglichen acht Stunden Arbeit nicht nur keinen Spaß, sondern sogar unglücklich machen. Natürlich zielt die Frage auf die Sicherheit, das monatliche Einkommen, den Rentenanspruch und die Gewissheit, im Krankheitsfall versorgt zu sein. Aber auch diese Sicherheit ist heute nicht mehr unumstößlich, schließlich kann jeder Betrieb mittlerweile in die missliche Lage geraten, Konkurs anmelden oder Mitarbeiter entlassen zu müssen.

Ganz davon abgesehen ist eine solche Sicherheit sehr hoch bezahlt mit Unzufriedenheit, täglichem Unmut und Verdruss. Es geht nicht lange gut, wenn man glaubt, dass man seine Lebensfreude nach der Arbeit, zu Hause, in der Familie, bei seinen Freunden finden könne, nachdem man acht Stunden Fronarbeit durchgehalten hat. Die Unzufriedenheit wird vielmehr wie eine Krebsgeschwulst auch in alle anderen Bereiche eindringen, das Leben vergiften und sich möglicherweise zu einer schweren Depression entwickeln.

Es ist keine naive Utopie, dass es jedem Menschen gelingen kann, zumindest zeitweise eine zufrieden stellende Aufgabe in seinem Leben zu finden. Hier kommt es nicht nur auf die gesellschaftlichen Bedingungen, sondern vor allem auch auf die Initiative des Einzelnen an. Dies muss nicht gleich ein neuer Beruf oder gar das in der Jugend erträumte und versäumte Studium sein. Auch in der eigenen Firma ist es unter Umständen möglich, eine andere, interessantere Aufgabe zu finden oder einen lang ersehnten Posten zu bekommen. Vielleicht ist es dazu nötig, sich auch in Eigenregie und aus eigener Tasche finanziert fortzubilden, einen Sprach- oder Computerkurs zu besuchen oder sich sonstige Fähigkeiten anzueignen.

Ruhestand ist kein Stillstand

Aktivität ist eine Grundvoraussetzung für einen selbstbestimmten und menschlich befriedigenden Alterungsprozess – das gilt für die Lebensmitte genauso wie für das sehr hohe Alter. Denn Fähigkeiten und Fertigkeiten, die nicht genutzt werden, gehen nach und nach verloren. Oder einfacher gesagt: Wer rastet, der rostet.

Ein einschneidender Zeitpunkt im Leben ist der Beginn der Rente, der auch als Beginn des gesellschaftlichen Alterns angesehen wird. Auch wenn viele Menschen nichts sehnlicher erwarten als den ersten Tag im Ruhestand, kann dieser Termin sogar zum Beginn eines Desasters werden. Die beruflichen Pflichten und Rollen fallen von einem Tag zum anderen weg, und das Leben muss von nun an völlig neu geordnet und mit anderen Inhalten gefüllt werden.

Sind die ersten Tage vorbei, an denen man lange ausgeschlafen und nichts anderes getan hat als Spazierengehen, Lesen und Fernsehen, so wird es Zeit, neue Aktivitäten anzupacken, neue Rollen zu übernehmen und Aufgaben zu finden, die das Leben auch nach der Berufstätigkeit bereichern und ihm einen Sinn geben. Jetzt ist es nicht nur wichtig, persönliche Interessen zu verwirklichen, für die man bisher nicht genügend Zeit hatte, sondern durch bestimmte Aufgaben weiterhin von anderen Menschen gebraucht zu werden. Dass dies nicht allein an eine gute Gesundheit auf der einen und ehrenamtliche Tätigkeiten auf der anderen Seite gebunden ist, zeigt folgendes Beispiel:

Eine Lehrerin war gar nicht damit einverstanden, dass sie ihre in langen Jahren erworbenen Kenntnisse und Erfahrungen mit der Pensionierung plötzlich nicht mehr an andere weitergeben konnte, und ging bald nach den ersten Urlaubstagen des Ruhestandes ins Ausland, um den dort für eine deutsche Firma arbeitenden Menschen und ihren Familien die Landessprache beizubringen. Nachdem ihre gesundheitliche Situation dies nicht mehr zuließ, schrieb sie zu Hause Kinderbücher. Als mit weit über 80 ihr Augenlicht immer schwächer wurde und sie nicht mehr schreiben konnte, gab sie noch lange nicht auf, sondern besprach Kassetten mit Entspannungsübungen und Meditationstexten, die im Handel angeboten wurden.

Kreativität als Qualität des Alters

Die bei den meisten Menschen schon im fünften Lebensjahrzehnt einkehrende Ruhe ist also beileibe kein Grund zur Stagnation. Dies zeigt die Tatsache, dass viele Künstler ihre bedeutendsten Werke – seien es Kompositionen, Gemälde oder Skulpturen – in der zweiten Lebenshälfte, oft sogar erst im hohen Alter geschaffen haben. Aus wissenschaftlichen Untersuchungen von diversen künstlerischen Leistungen im Alter geht hervor, dass zwar die Zahl der Werke im Alter abnimmt, ihre Qualität dagegen steigt.

Dies mag auch bedeuten: Wer lange genug geübt hat, begibt sich nun an die Vollendung seines Werkes. So machen die lebenslange Beschäftigung mit verschiedenen Techniken und der Überblick über deren Ergebnisse etwa aus einem Handwerker einen Meister der Kunst.

Dieses Beispiel zeigt einerseits, dass die einkehrende Ruhe, die gewonnene höhere Warte und die Beherrschung der Techniken auch in Bezug auf andere Tätigkeiten zu einer ständigen Weiterentwicklung des Lebenswerkes führen können. Das ist allerdings nur dann möglich, wenn die beruflichen und gesellschaftlichen Umstände diese Entwicklung auch zulassen. Auf der anderen Seite verdeutlicht es, welche Chancen das Älterwerden insgesamt bietet – nämlich die Möglichkeit der kreativen Auseinandersetzung mit dem eigenen Leben, mit Politik, Kultur und Weltanschauung.

Rückbesinnung und neue Pläne

Die meisten Menschen stürzen sich auf ihre Hobbys und ihre ganz persönlichen Interessen, um sie im Ruhestand zu verwirklichen und sich ihnen mit mehr Zeit und Engagement zu widmen. Aber daneben bietet das Leben noch viele andere Erlebnisse, Erfahrungen und Abenteuer, die man jetzt entdecken könnte. Bereits zu Beginn der zweiten Lebenshälfte schafft die Glättung der Wogen eines bewegten Lebens genug Zeit und ist damit eine ideale Voraussetzung, sich für Neues, Ungeahntes und Fremdes zu interessieren – oder auch endlich das zu tun, woran einen Arbeit, Beruf und womöglich auch familiäre Verpflichtungen gehindert haben.

Wie aber erinnern Sie sich am besten an die vielen aufgegebenen Träume, die aufregendsten Pläne und die heimlichen Wünsche aus Ihrer Jugend?

Meditationsübung

Suchen Sie sich dazu einen ruhigen Ort, an dem Sie nicht gestört werden, und entspannen Sie sich. Machen Sie es sich gemütlich und atmen Sie zunächst einige Male ganz bewusst tief aus, wobei das Einatmen ganz automatisch auf das tiefe Ausatmen folgt. Bleiben Sie mit Ihren Gedanken beim Atmen, geben Sie alle überflüssige Anspannung, alles Dunkle und Verbrauchte mit dem Ausatmen ab, und nehmen Sie alle nötige Energie, alles Helle und sonnig Warme mit dem Einatmen auf. Lassen Sie Ihre Gedanken und Bilder einfach weiterziehen und bleiben Sie mit Ihrer Aufmerksamkeit, aber völlig unverkrampft bei Ihrem Atem.

Wenn Sie sich wohl und entspannt fühlen, gehen Sie mit Ihren Gedanken zurück in Ihre Jugend und Kindheit oder in die Jahre als junger Erwachsener und spüren Sie nach, welche Energie damals in Ihnen steckte und auf welche Ziele Sie alle Tatkraft verwandten. Dabei muss es nicht nur um berufliche Ziele gehen – es können auch private Wünsche und damals geliebte Hobbys wieder zu Tage kommen, die Sie schon lange vergessen hatten.
Zwingen Sie sich nicht zu dieser Übung und seien Sie sich auch nicht gram, wenn es nicht gleich klappen will. Brechen Sie die Übung dann ab und versuchen Sie es zu einem anderen Zeitpunkt noch einmal.

Wenn es aber – früher oder später – gelingt, nehmen Sie die auftauchenden Bilder und Gedanken ruhig »über Ihren Bauch« wahr und spüren Sie, welche Gefühle die Bilder von damals in Ihnen auslösen. Wenn es unangenehme Gefühle sind, dann brechen Sie die Übung ebenfalls lieber ab. An-

sonsten gehen Sie tiefer in die Situation hinein und nehmen Sie sie mit allen Gefühlen wahr. Was hören, riechen oder schmecken Sie dabei?
Es ist durchaus sinnvoll, dass Sie sich die aufgekommenen Bilder, Gedanken, Gefühle und begleitenden Sinneseindrücke notieren und sich später mit wachem Geist damit auseinander setzen.

In vielen Fällen – wenn auch nicht immer – kommen Sie so alten, tief in Ihrem Unterbewusstsein versteckten Wünschen auf die Spur, die es sich einmal näher zu betrachten lohnt. Es ist nämlich nie zu spät, einen Traum, einen kleinen Wunsch oder ein hehres Ziel noch einmal ins Auge zu fassen – und es vielleicht zu verwirklichen.

Aber auch neue Pläne dürfen Sie nun schmieden, damit Sie noch mehr Erfahrungen machen können, weitere Fertigkeiten einüben und Kenntnisse sammeln. Denn die viel beschworene Weisheit des Alters beruht in erster Linie auf der Fülle und der Vielschichtigkeit der Lebenserfahrungen sowie auf den daraus gezogenen Konsequenzen. Je größer der Schatz an Erfahrungen, Fähigkeiten, Fertigkeiten und Kenntnissen ist, desto einfacher fällt es auch, damit fertig zu werden, falls die Gesundheit nicht immer wie gewünscht mitspielt oder andere Stolpersteine den Weg durch die zweite Lebenshälfte säumen.

Während mit zunehmendem Alter die Leistungsfähigkeit des Körpers insgesamt und die Funktion vieler Organe eher abnehmen, ist auf der psychischen Ebene auch im hohen Alter immer noch ein weiteres Wachstum möglich, das die Einbußen auf der körperlichen Ebene weitgehend ausgleichen kann.

Weisheit und Wissen im Alter

»Was ist angenehmer als ein Greisenalter, das umgeben ist von einer Jugend, die von ihm lernen möchte!«, wusste schon der römische Staatsmann Cicero. Seiner Ansicht nach bestanden die Vorzüge des älteren Menschen in einem Zuwachs an Verstand und Vernunft, Maßhalten und Toleranz, Urteilsfähigkeit und Einsicht, menschlicher Würde und Klugheit – aber nur dann, wenn dieses Fähigkeiten das ganze Leben lang geübt worden waren. Auch Cicero erkannte also bereits in nicht nachlassender Aktivität, in ungebremstem Interesse und in einem stetig wachsenden Erfahrungsschatz die wichtigsten Quellen von Weisheit und Wissen im Alter.

Heute wird die Fähigkeit und Bereitschaft älterer Menschen, ihr Wissen und ihre Erfahrungen an jüngere Generationen weiterzugeben als sozial konstruktiv geschätzt: Dabei unterstützen und beraten ältere Menschen jüngere bei der Gründung einer beruflichen Existenz oder stellen ihr Wissen in ehrenamtlichen Tätigkeiten der Allgemeinheit zur Verfügung. Das Tätigkeitsfeld ist weit und kann von der Hausaufgabenbetreuung für Schüler über Seminare und Vorträge für junge Berufskollegen bis hin zu naturkundlichen Wanderungen oder Museumsführungen reichen.

Veränderungen der Intelligenz im Alter

Die weit verbreitete Vorstellung, dass Alter grundsätzlich zu einem Abbau der geistigen Leistungsfähigkeit führe, ist heute nicht mehr zu halten und musste mittlerweile revidiert werden. So können einerseits die geistigen Fähigkeiten bei verschiedenen Menschen gleichen Alters ganz erheblich differieren, außerdem entwickeln sich verschiedene Anteile der Intelligenz im Alter auch ganz unterschiedlich. Selbst bei hochbetagten Menschen lässt die so genannte kristalline oder pragmatische Intelligenz – also die Fähigkeit, vertraute Probleme zu lösen – nicht nach und kann sogar noch leicht ansteigen. Dagegen zeigt die fluide Intelligenz

– die Fähigkeit, neue Probleme zu lösen – bereits von Beginn der zweiten Lebenshälfte an zunehmende Einbußen. Dafür macht man Schädigungen im zentralen Nervensystem verantwortlich, die die Einstellung auf Probleme, die Schnelligkeit der Informationsverarbeitung und die Kapazität des Arbeitsgedächtnisses beeinträchtigen.

Aber auch hier gibt es recht große Unterschiede beim Einzelnen, sodass man diese Beobachtung keineswegs verallgemeinern darf. Und wer in seinem Leben viele Kenntnisse und Fähigkeiten angesammelt hat und auf gute Problemlösungsstrategien zurückgreifen kann, der ist zumeist auch im Alter in der Lage, auftretende Defizite dadurch wieder auszugleichen.

Körperliche Veränderungen im Alter

Alter wird gemeinhin mit zunehmenden Defiziten der körperlichen Funktionen gleichgesetzt, die zwangsläufig ab einem gewissen Zeitpunkt einsetzen, denen man nicht oder kaum vorbeugen kann und die sich nur teilweise durch eine Behandlung wieder ausgleichen lassen.

Wie so oft verhält es sich auch hier so, dass man die Dinge nicht adäquat erfasst, wenn man sie auf einen einfachen Nenner bringen will. So stellen sich mit steigendem Alter tatsächlich immer mehr körperliche Funktionseinschränkungen ein, allerdings gibt es auch Hundertjährige, die weder an einer chronischen Krankheit leiden noch jemals in ihrem Leben schwer krank waren. Die Spanne zwischen normalem (physiologischem) und krankem (pathologischem) bis hin zum optimalen Altern ist also immens groß. Und sie wird nicht allein von den körperlichen Veränderungen bestimmt, sondern zu einem erheblichen Maß auch durch die Lebensgeschichte des Menschen, durch sein soziales Umfeld, seine seelische Verfassung und die subjektive Einschätzung seines Gesundheitszustandes.

Nachdem in Kindheit und Jugend die Aufbauvorgänge im Körper überwogen, kehrt sich dieses Verhältnis bereits um das 30. Lebensjahr herum um, wobei die Folgen des erfolgenden Abbaus oft erst spät und manchmal gar nicht sicht- und spürbar werden. Zumeist sind es nicht einmal die eingeschränkten Organfunktionen, die zu gesundheitlichen Problemen führen, sondern die nachlassende Kapazität des Körpers und seiner Organe und Gewebe, sich an besondere Belastungssituationen anzupassen. So beträgt zum Beispiel bei einem über 70-Jährigen die maximale Dauerleistung von Herz und Kreislauf immerhin noch 70 Prozent von der eines 20- bis 30-Jährigen, während die maximale kurzfristige Höchstleistung nur noch 40 Prozent dessen erreicht, was der Jüngere schafft.

Auch Krankheit ist im Alter häufig durch eine verminderte Anpassungsfähigkeit oder durch Regulationsstörungen von Organfunktionen bedingt. Bei optimalen Umweltbedingungen ist Krankheit zwar selbst bei betagten Menschen kein typisches Merkmal ihres Alters, dagegen steigt die Wahrscheinlichkeit, unter ungünstigeren Bedingungen leichter krank zu werden.

Krankheiten und Fehlfunktionen im Alter

Krankheit ist kein Synonym für Alter. Dennoch gibt es spezielle »Alterskrankheiten«, die sich in drei verschiedene Formen einteilen lassen: die mitwachsenden, die echten Alterskrankheiten und die akuten Krankheiten.

Bei den so genannten »mitwachsenden« Krankheiten werden die Grundlagen schon in jüngeren und mittleren Jahren gelegt, während sich die Krankheitssymptome erst bei zunehmender Funktionseinschränkung der betroffenen Organe bemerkbar machen. Dazu gehört die Arteriosklerose, die nicht ganz exakt mit Arterienverkalkung übersetzt wird und zu gefährlichen Folgekrankheiten wie Herzinfarkt, Schlaganfall und schwerwiegenden Durchblutungsstörungen führen kann. Auch die chronische Bronchitis zieht erst dann unangenehme Atemnot nach sich, wenn die Lungenkapazität im Alter mehr und mehr abnimmt. Und der so genannte Alterszucker ist ebenfalls keine unausweichliche Erscheinung des Lebensabends, sondern eine Folge von langjähriger Überernährung und von Übergewicht bereits in jüngeren und mittleren Jahren.

Diese Krankheiten treten recht häufig bereits zu Beginn der zweiten Lebenshälfte auf, sind aber zumindest zum Teil – vielfach zu einem recht großen Teil – vermeidbar und damit auch dann noch weitgehend rückgängig zu machen, nachdem sie in Erscheinung getreten sind. Deshalb wird es spätestens zu Anfang der zweiten Lebenshälfte Zeit, damit anzufangen.

Zu den echten oder besser primären Alterskrankheiten wiederum zählen zum Beispiel die Vergrößerung der Prostata, also der Vorsteherdrüse am Beginn der Harnröhre, die bei älteren Männern sehr häufig anzutreffen ist, und die Trübung der Augenlinse.

Die dritte Kategorie bilden akute Krankheiten, die in allen Altersstufen ähnlich häufig auftreten, bei älteren Menschen aber einen anderen Verlauf nehmen. Öfter als bei jüngeren Menschen verläuft zum Beispiel ein Herzinfarkt ohne oder nur mit geringen Schmerzen, oder eine schwere Infektion, wie zum Beispiel eine Lungenentzündung, geht ohne Fieber einher. Beide Krankheiten werden aufgrund dieses untypischen Verlaufs im Alter nicht oder erst spät erkannt und behandelt, weshalb sie häufiger ein fatales Ende nehmen. Trotz der oft untypischen oder geringen Symptome dauern akute Krankheiten im Alter jedoch häufig länger an, haben einen schwereren Verlauf, werden schwerer bewältigt und nehmen eine längere Genesungsdauer in Anspruch.

Im Folgenden seien typische Altersveränderungen in verschiedenen Organen und Geweben sowie Krankheiten vorgestellt, die im Alter besonders häufig auftreten. Dabei geht es nicht darum, die Angst vor dem Älterwerden zu schüren, sondern vielmehr darüber zu informieren, mit welchen Maßnahmen man selbst diesen Veränderungen vorbeugen oder ihnen aktiv begegnen kann.

Hautveränderungen

Zu altern beginnt die Haut schon ab dem 30. Lebensjahr – davon bleibt kein Mensch verschont. Allerdings bestimmen zwei Hauptfaktoren, wie schnell und in welchem Ausmaß Alterserscheinungen an der Haut auftreten: die erblich festgelegte Veranlagung und Umwelteinflüsse. Während wir den ersten Faktor nicht zu beeinflussen vermögen, können wir die Haut doch sehr gut vor schädigenden Umwelteinflüssen schützen und noch einiges mehr dafür tun, dass wir uns in unserer Haut wohl fühlen und dabei auch noch gut aussehen.

Die Haut

Die Haut besteht aus drei Schichten: Die äußerste Schicht, die **Oberhaut** oder Epidermis, wird aus verhornenden Zellen gebildet und enthält keine Blutgefäße.

Darunter liegt die **Lederhaut** (Korium), die vor allem aus Bindegewebe besteht. Die obere feinfaserige Lederhaut ist mit der Oberhaut fest verzahnt, reich an elastischen und netzartigen Fasern und enthält viele Zellen, feine Blutgefäße und Nervenenden. Im tiefer gelegenen Teil der Lederhaut, der vor allem aus kräftigen Bündeln von Kollagenfasern und elastischen Netzen besteht, verlaufen größere Blutgefäße, Nerven sowie die Ausführungsgänge der Schweißdrüsen und Haarbälge.

Die **Unterhaut** (Subkutis) besteht vor allem aus Fettgewebe, das durch Bindegewebsstränge in einzelne Läppchen unterteilt wird. Hier verlaufen größere Blutgefäße und Nervenstränge, und auch die Haarwurzeln, aus denen die Haare entspringen, sitzen hier. Ferner finden sich in der Unterhaut die in die Haarbälge mündenden Talgdrüsen, Schweißdrüsen und kleine Muskeln.

Falten und größere Verletzlichkeit

Mit zunehmendem Alter wird die Oberhaut dünner, und ihre oberste Hornschicht büßt einen Teil ihrer Fähigkeit ein, Wasser zu binden. Die Verzahnung zwischen Ober- und Lederhaut flacht ab, sodass die Haut anfälliger für Einwirkungen von außen wird und bei Druck oder Zug zur Blasenbildung neigt. Die bindegewebigen Fasern der Lederhaut werden brüchig und härter, splittern auf und verlieren ebenfalls die Fähigkeit, Wasser zu binden. Dadurch erschlafft die Haut und bildet Falten. Auch die Gewebsspannung des Unterhautfettgewebes lässt im Alter nach, und die Fettschicht dünnt aus, was die Haut noch schlaffer und faltiger macht.

Die wichtigste Maßnahme, einer übermäßigen Faltenbildung vorzubeugen, besteht darin, die Haut vor zu starker Sonneneinwirkung zu schützen. Dies bedeutet aber keinesfalls, dass Sie sich vor jedem Sonnenstrahl verstecken müssen. Im Gegenteil, die ultravioletten Strahlen der Sonne benötigt der Körper zum Beispiel, um aus körpereigenen Vorstufen ausreichend viel Vitamin D herstellen zu können, das wiederum die Knochen stabil hält und vor Osteoporose schützt.

Überdies ist die Sonne eine unersetzliche Quelle für das persönliche Wohlbefinden – was daran besonders deutlich wird, dass viele Menschen in der kalten Jahreszeit bedingt durch den Mangel an Sonnenlicht unter einer Winterdepression leiden. Auch für ein positives Lebensgefühl ist es also notwendig, ab und zu die wärmenden Strahlen der Sonne auf der Haut zu spüren und die Haut ein wenig Farbe annehmen zu lassen – gerade in unseren Breitengraden, wo wir von der Sonne nicht allzu häufig verwöhnt werden.

Das Geheimnis liegt in der Dosis: *Etwas* Hautbräune schadet sicherlich nicht oder nur sehr wenig. Dagegen kann die Haut einen dreiwöchigen Urlaub, in dem sie tagtäglich ohne Pause in der Sonne »grillt«, nur schlecht verkraften. Gefürchtetes und in schweren Fällen irreparables Ergebnis ist der Sonnenbrand: Zwar können körpereigene Reparaturmechanismen einen Großteil der Schäden, den ein Sonnenbrand an den Zellen der Haut angerichtet hat, wieder gutmachen; allerdings summieren sich diese Schäden im Laufe der Jahre, wenn wir immer wieder einen Sonnenbrand zulassen.

Tatsächlich tritt Hautkrebs in allen Formen hauptsächlich bei Menschen auf, die in ihrem Leben stark der Sonne ausgesetzt waren und/oder sich häufig einen Sonnenbrand zugezogen hatten. Natürlich *muss* auf sonnengeschädigter Haut nicht zwangsläufig ein Hautkrebs entstehen, allerdings altert die Haut durch starke Sonnenbestrahlung früher und stärker. Sie sieht rau, faltig und gelblich aus und wirkt besonders schlaff und welk, wenn ihr die Sonnenbräune fehlt. Ein Beispiel dafür sind Bauern oder Seeleute in südlichen Ländern, die trotz ihres höheren natürlichen Sonnenschutzes in Form von stärkerer Pigmentierung schon in mittleren Jahren eine stark zerfurchte, ledrige Haut bekommen.

Genießen Sie also die Sonne, wenn sie einmal bei uns scheint oder Ihnen im Urlaub etwas ausgiebiger zur Verfügung steht – jedoch niemals ohne ausreichenden Schutz. Gegen die schädlichen Auswirkungen der Sonnenstrahlen gibt es genügend Vorbeugemaßnahmen, zum Beispiel in Form von Sonnenschutzcremes, richtiger Kleidung oder Sonnenschirmen. Wie bei vielen anderen Dingen auch gilt für die Sonne: Die Dosis macht das Gift. Das trifft natürlich auch für die künstlichen Lichtquellen in Solarien zu, die ebenso wie die natürliche Sonne zu einer früheren Hautalterung mit Faltenbildung führen – und keineswegs unschädlich sind, nur weil die UV-B-Strahlen herausgefiltert werden, die Sonnenbrand verursachen und in erster Linie für Hautkrebs verantwortlich gemacht werden.

Wenn Sie Ihre Haut möglichst jung, frisch und faltenfrei halten wollen, sollten Sie darüber hinaus auch nicht rauchen. Rauchen verengt akut die Blutgefäße – auch in der Haut – und führt über die frühzeitige Ausbildung von Gefäßverengungen (siehe auch Seite 53) zu einer dauerhaften Minderdurchblutung der Haut mit blassem, fahlem Aussehen sowie zu einer schlechteren Wundheilung bei Verletzungen. Übrigens ist die zweite Lebenshälfte ein besonders guter Lebensabschnitt, um mit krank machenden Lastern und Verhaltensweisen gründlich aufzuräumen. Fassen Sie, falls Sie Raucher sind, jetzt endlich den Mut, dieser Sucht den Garaus zu machen. Auch wenn es am Anfang schwer sein mag, es lohnt sich für einen gesunden Lebensabend.

Auch richtige Pflege ein Leben lang sorgt für eine gesunde Haut im Alter. Dazu benötigen Sie nicht unbedingt sündhaft teure Cremes und Lotionen mit geheimnisvollen Inhaltsstoffen, die bis ins hohe Alter eine babyglatte Haut versprechen, aber die in sie gesetzten Hoffnungen vermutlich doch nicht erfüllen können. Dagegen vermag eine regelmäßige, dem Hauttyp angepasste Pflege vor schädigenden Umwelteinflüssen in gewissem Umfang zu schützen. So können Fettsalben an eisigen Wintertagen die Haut vor dem Austrocknen und dadurch hervorgerufenen Rötungen und Spannungsgefühlen bewahren. Und selbst bei leichten Fältchen kann eine gute (aber nicht unbedingt teure) Feuchtigkeitscreme die oberste Hautschicht mit Flüssigkeit »anfüllen« und sie leicht zum Quellen bringen, sodass die Faltentiefe geringer wird.

Umgekehrt belastet auch eine »Überpflege« die Haut, wenn sie zum Beispiel im Sommer mit zu fettigen Präparaten eingecremt oder zu oft und zu unsanft gereinigt wird. Schließlich kann keine Creme oder Salbe die körpereigene Hautpflege ersetzen, die in den Talgdrüsen produziert wird.

Kontrovers als vorbeugende oder Behandlungsmaßnahme gegen Falten wird Gesichtsgymnastik bewertet: Einerseits ist auch die Rückbildung bestimmter Muskeln für einige Falten und das »Durchhängen« von Hautbereichen mitverantwortlich; diese Muskeln können durchaus durch gezielte Übungen wieder aufgebaut werden. Kritiker der Methode sind hingegen davon überzeugt, dass Gesichtsgymnastik die Faltenbildung eher fördere. Wie dem auch sei, in jedem Fall ist ausreichend Schlaf und genügend Entspannung wichtig, damit die Haut, die ja auch ein Spiegel der inneren Befindlichkeit ist, ebenfalls loslassen und nach starker Anspannung wieder glatt werden kann.

Im Übrigen täten einige Menschen auch gut daran, wenn sie eine Brille oder Kontaktlinsen tragen würden, statt unter heftiger Anstrengung der Augenmuskeln mit begleitender Faltenbildung das Unleserliche doch noch ohne Hilfe entziffern zu wollen. Ebenso lässt sich grelles Licht durch eine Sonnenbrille erträglicher machen, damit man nicht ständig blinzeln muss und dabei tiefe Falten um die Augen und auf der Stirn entwickelt.

Neben all diesen äußerlichen Vorbeugemaßnahmen ist sicher ein positives inneres Befinden die wichtigste Voraussetzung für eine schöne, strahlende Haut. Wer der Welt mit Wohlwollen und einem Lächeln begegnet, sich selbst immer wieder um eine positive Sicht der Dinge bemüht und das Leben – mit 50 wie mit 85 – immer noch als Abenteuer betrachtet, den können Falten gar nicht stören. Und die Umgebung eines solchen Menschen wird seine Falten auch nicht als Zeichen des resignativen Rückzugs vor dem Alter wahrnehmen, sondern als interessante Spuren eines erfüllten Lebens.

Sollten Sie aber, auch wenn Sie sich Ihre Falten redlich verdient haben, lieber auf sie verzichten wollen, so kann Ihnen ebenfalls geholfen werden. Es gibt nämlich keinen Grund dafür, sich für eine Behandlung von Falten zu schämen oder gar ein schlechtes Gewissen zu entwickeln.

Eine einfache Methode, die jedoch nur bei kleineren oberflächlichen Fältchen hilft, ist die örtliche Anwendung von Cremes und Lotionen, die Vitamin A enthalten. Dieses Vitamin – oder seine Derivate – verursacht eine leichte Entzündung und Schwellung der Haut, wodurch die Haut zum Quellen gebraucht wird und kleinere Fältchen sich glätten. Zwar kehren diese wieder zurück, wenn man die Creme nicht mehr benutzt, nach dem derzeitigen Wissensstand kann man diese Produkte aber über längere Zeit ohne Bedenken einsetzen. Bei Frauen können im Übrigen auch östrogenhaltige Pflegeprodukte kleine Fältchen vorübergehend glätten.

Einschneidender ist hingegen eine Behandlung mit Fruchtsäuren, die zum Abschälen der obersten Hautschicht führen, damit sich eine neue, vitalere und faltenärmere Haut nachbildet. Das Verfahren ist relativ wirksam, birgt aber auch einige Gefahren – so kann sich insbesondere eine schmerzhafte Rötung der Haut nach der Behandlung entwickeln, die möglicherweise auch einmal über Monate bestehen bleibt. Deshalb sollte ein Fruchtsäurepeeling nur von erfahrenen Ärzten oder sehr gut ausgebildeten Fachkräften durchgeführt werden. Da das meist positive Ergebnis nicht von langer Dauer ist, muss die Behandlung – nach einer gewissen Zeit – wiederholt werden.

All diese Methoden helfen nicht bei tiefen Falten, Furchen und eingesunkenen Narben; hier hilft lediglich – wiederum nur für begrenzte Dauer – eine Unterspritzung der Haut mit Kollagen oder Hyaluronsäure durch einen Arzt. Zunächst wird durch einen Allergietest eine (durchaus nicht seltene!) Überempfindlichkeit gegen Kollagen ausgeschlossen, damit keine unangenehmen Folgen eintreten. Nach ein bis zwei Jahren muss die Behandlung dann wiederholt werden, damit das günstige Ergebnis andauert.

Die letzte und aufwändigste Möglichkeit zur Straffung faltiger, welker Haut stellt das operative Facelifting dar, das länger, aber auch nicht für immer anhält. Beim Facelifting wird nicht nur die Haut angehoben und faltenfrei wieder vernäht; auch abgesacktes Fettgewebe wird dort abgesaugt, wo es nicht hingehört, und an der richtigen Stelle wieder »angebracht«. Zuweilen kombiniert man das Facelifting auch mit einer Nasenkorrektur oder mit der Anhebung abgesunkener Augenlider und bemüht eventuell neben dem Skalpell auch den Laser. Unterspritzung und Operation dürfen jedenfalls nur von sehr erfahrenen Ärzten, am besten plastischen Chirurgen, oder Therapeuten (nur Unterspritzung) durchgeführt werden, damit durch unsachgemäße Behandlung kein größerer Schaden als Nutzen entsteht.

Einen guten Therapeuten haben Sie dann gefunden, wenn er Ihre persönliche Situation exakt analysiert und eine für Sie genau passende und Ihren Wünschen entsprechende Behandlung zusammenstellt. Hüten Sie sich dagegen vor Institutionen, die vor allem »ihre« Methode an den Mann bringen möchten und Ihnen versprechen, dass nur dieses Verfahren alle bestehenden Probleme lösen kann. Die Erfahrung hat nämlich gezeigt, dass für ein optimales Ergebnis oft mehrere Methoden miteinander kombiniert werden müssen.

Blaue Flecken und rote Bäckchen

Ähnlich wie das Bindegewebe der Haut seine Elastizität im Alter mehr und mehr verliert, büßt auch das Bindegewebe in den Blutgefäßen der Haut seine Elastizität ein und wird brüchiger. Schon nach kaum merkbaren äußeren Krafteinwirkungen können kleine Hautgefäße zerreißen und eine Blutung verursachen. Die Betroffenen sind dann meist sehr erstaunt über eine Vielzahl von blauen Flecken und vermuten eine krankhafte Veränderung. Allerdings sind dies meist ebenso typische wie harmlose Erscheinungen der älter werdenden Haut.

Diese Veränderungen des Gefäßbindegewebes sind auch mit daran schuld, dass vor allem auf den Wangen erweiterte Blutäderchen auftreten, die sich nicht mehr zurückbilden. Aber auch hier kann man Abhilfe schaffen, etwa durch die Verödung der erweiterten Äderchen mit einem feinen Laserstrahl. Dieses Verfahren ist zwar erfolgreicher als die Anwendung von elektrischem Strom, die man früher praktizierte, allerdings hinterlässt sie bei einigen Betroffenen auch sichtbare Narben. Eine effektvolle Alternative ist ein gut deckendes Make-up.

Dunkle Flecken

Die Haut wird mit zunehmendem Alter nicht nur dünner und faltiger, sondern auch bunter. Verschiedene Flecken und Hautwucherungen machen sich auf ihr breit, von denen die meisten zwar harmlos sind, die Betroffenen aber sehr verdrießen können.

Bereits um das 40. Lebensjahr bilden sich die ersten Altersflecken, meist auf Handrücken und Unterarmen. Dies sind hellbraune, auf dem Niveau der Haut liegende Verfärbungen, die keine weiteren Beschwerden verursachen. Wenn sie sehr stören, kann der Arzt sie mit einem Laser entfernen. Die zahlreich angebotenen bleichenden Cremes helfen dagegen nur selten, können aber allergische Reaktionen hervorrufen. Übrigens lassen sich Altersflecken schon dadurch vermeiden, dass man die Sonne in Maßen genießt.

Ungeachtet ihres Namens können Alterswarzen (auch Fett- oder seborrhoische Warzen) schon in jüngeren Jahren am Rücken, im Gesicht und an anderen Körperstellen auftreten. Sie sind etwas erhabener als Altersflecken, wirken oft wie aufgeklebt, ihre Farbe reicht von hellbraun bis braunschwarz, und ihre Oberfläche glänzt fettig. Sie sind zwar gutartig, oft sehen sie jedoch einem bösartigen schwarzen Hautkrebs zum Verwechseln ähnlich. Eine solche Veränderung muss unbedingt vom Spezialisten entfernt und dann feingeweblich untersucht werden. Das gilt auch für alle anderen Hauterscheinungen, die sich auf einmal verändern oder sogar bluten. Falls harmlose Alters- oder Fettwarzen sehr stören, kann man sie vom Arzt entfernen lassen.

Noch mehr Farbe ins Hautbild älterer Menschen bringen die so genannten Altersangiome (senile Angiome), stecknadelkopf- bis linsengroße dunkelrote und halbkugelförmige Hautveränderungen, die aus Blutgefäßen bestehen. Sie sind grundsätzlich harmlos, können aber bei Druck oder Reibung bluten und sehr stören. Dann wird der Arzt sie (unter örtlicher Betäubung) entweder mit elektrischem Strom oder operativ mit Skalpell oder Laserstrahl entfernen.

Oft erst im sehr hohen Alter kann sich auf Hautbezirken, die häufig dem Licht ausgesetzt waren (meist im Gesicht, seltener an Händen und Unterarmen), ein zunächst gutartiger pigmentierter Hautfleck bilden, der sehr unterschiedliche Farben aufweist, nach außen oft unscharf begrenzt ist und langsam an Größe zunimmt. Da dieses Lentigo maligna oder Melanosis circumscripta genannte Gebilde in einen bösartigen Hautkrebs übergehen kann, wird es entweder regelmäßig vom Hautarzt beobachtet oder gleich operativ entfernt beziehungsweise bestrahlt. Der besonders bösartige schwarze Hautkrebs (malignes Melanom) tritt zwar meist in jüngeren Jahren auf, macht aber auch vor älteren Menschen nicht Halt. Deshalb sollte jeder dunkle Fleck auf der Haut, insbesondere wenn er neu aufgetreten ist oder sich verändert hat, vom Hautarzt untersucht werden.

Die Haut älterer Menschen, insbesondere wenn sie häufig der Sonne ausgesetzt war, neigt zu starker Verhornung der obersten Schicht. Bei dieser lichtbedingten Verhornungsstörung (aktinische Keratose) sieht die Haut rötlich bis braunrot verfärbt aus und fühlt sich rau an. Auf einer solchen Haut bildet sich häufig ein spezieller Hautkrebs, das Stachelzellkarzinom (Spinaliom). Dieser Krebs muss möglichst frühzeitig operativ entfernt werden, da er sehr rasch und zerstörerisch wächst und Tochtergeschwülste bildet. Besser ist es, bereits die dem Krebs vorausgehenden Stadien zu behandeln und die stark verhornten Hautpartien zu entfernen.

Als etwas weniger bösartig wird der Basalzellkrebs (Basaliom) eingestuft, der ebenfalls gehäuft bei älteren Menschen auftritt, aber keine Metastasen bildet. Er tritt häufig im oberen Teil des Gesichtes auf, vor allem bei Menschen, die viel in der Sonne waren oder deren Haut mit krebsfördernden Stoffen in Verbindung kam beziehungsweise häufigen Hautreizungen ausgesetzt war. Den Basalzellkrebs entfernt man operativ oder macht ihn durch Bestrahlung unschädlich.

Trockene Haut und Juckreiz

Mit zunehmendem Alter produzieren die Talgdrüsen der Haut immer weniger Fett. Das macht sich in einer trockenen, spannenden und bisweilen auch rauen bis schuppenden Haut bemerkbar. Zu Trockenheit neigt vor allem die Haut an Armen und Beinen, die von Natur aus nicht mit vielen Talgdrüsen ausgestattet ist. Besonders im Winter und bei geringer Luftfeuchtigkeit trocknet die Haut zusätzlich aus, da das von den Talgdrüsen produzierte Fett sich besser auf der Haut verteilt, wenn man schwitzt. Auch wenn viele Menschen feuchtwarme Sommertage verabscheuen – ihre Haut, die an diesen Tagen ständig von einem feuchten Film bedeckt ist, fühlt sich dabei weich und zart an.

Am schlimmsten ist es jedoch, wenn die Haut so stark ausgetrocknet ist, dass sie zu jucken beginnt oder sich auf ihr ein Austrocknungsekzem ausbreitet. Viele ältere Menschen leiden unter einem quälenden Juckreiz, für den vor allem die Trockenheit der Haut verantwortlich ist. Dennoch sollte man bei hartnäckigem Hautjucken zunächst nach weiteren Ursachen forschen – zum Beispiel einem Medikament, das man nicht verträgt, einer speziellen Haut- oder Allgemeinkrankheit oder auch seelischen Problemen, die sich hinter dem Juckreiz verbergen könnten. Nicht selten kommen auch mehrere Ursachen zusammen, die dann natürlich auch alle bekämpft werden müssen, um den Betroffenen von seinem Juckreiz zu befreien, der quälender als ein chronischer Schmerz sein kann.

Grundsätzlich muss trockene Haut richtig gepflegt und behandelt werden, damit es möglichst gar nicht erst zu Juckreiz, Austrocknungsekzem oder Trockenflechte kommt. Dabei ist wichtig, dass die mit dem Alter immer trockener werdende Haut nicht durch zu häufiges Waschen, Duschen oder Baden zusätzlich ausgelaugt wird. Seife, Schaumbäder und seifenhaltiges Duschgel sollten durch seifenfreie Syndets ersetzt werden, die den Säure-schutzmantel der Haut nicht angreifen. Bei der Gretchenfrage »Duschen oder Baden?« wird landläufig meist das Duschen emp-fohlen. Allerdings sind viele Hautärzte der Meinung, dass ein kurzes Wannenbad in nicht zu heißem Wasser, dem man mög-lichst ein Badeöl oder juckreizlindernde Substanzen wie Kleie zu-geben sollte, die Haut weit weniger reizt als ein Duschbad, bei dem das Fett mit den feinen, aber kräftigen Wasserstrahlen direkt aus den Poren gewaschen wird. Auch heißes Wasser löst mehr Talg von der Haut als lauwarmes.

Die optimale Pflege trockener Haut

- Mit einem täglichen (Dusch-)Bad tun Sie der Haut nicht au-tomatisch etwas Gutes; gehen Sie also lieber sparsam da-mit um.
- Verwenden Sie kein zu heißes Wasser.
- Benutzen Sie neutrale rückfettende Syndets statt Seife, Duschgel und Schaumbad.
- Ziehen Sie ein Wannenbad der Dusche vor, doch bleiben Sie nicht zu lange im Wasser.
- Seifen Sie nicht jedes Mal den ganzen Körper ein.
- Geben Sie Badeöl ins Badewasser.
- Tupfen Sie die Haut nach dem Baden oder Duschen mit ei-nem weichen Handtuch trocken und verzichten Sie auf star-kes Rubbeln.
- Cremen Sie anschließend den ganzen Körper sorgfältig ein, wobei Beine und Arme eine besonders fette Creme be-nötigen.
- Behandeln Sie den Körper eventuell vor dem Schlafenge-hen nochmals mit einer fettigen Creme oder Salbe.
- Morgens cremen Sie die Haut nach Bedarf ein: Arme und Beine vor allem im Winter mit einer Fettcreme, die übri-gen Partien eventuell mit einer leichteren Feuchtigkeitscreme.
- Fetten Sie nach dem Schwimmen oder einem Saunabesuch ebenfalls die Haut gut ein.

Kommt es trotzdem einmal zu einem Austrocknungsekzem, so sollte es sofort und konsequent mit einer milden kortisonhaltigen Creme behandelt werden. Dadurch klingt die Entzündung rasch ab – nach wenigen Tagen wird es bereits wieder ausreichen, die Haut »nur« mit fetthaltigen Cremes zu pflegen und sie vor reizenden Substanzen zu schützen, damit das Ekzem nicht wieder auftritt. Heute gibt es bereits Kortison-Cremes, die sehr wirksam sind, die Haut aber kaum schädigen und bei sachgerechter, kurzzeitiger Anwendung nur in sehr geringen Mengen in den Körper übergehen. Die Furcht vor Kortison kann in diesem Fall mehr schaden als nützen, denn wenn sich das Ekzem immer mehr ausbreitet, dann muss man es später länger und mit stärkeren Substanzen behandeln.

Herz und Kreislauf

Es gibt eine ganze Reihe von altersbedingten Veränderungen im Herz-Kreislauf-System, die aber einerseits noch nicht als Krankheiten zu betrachten sind und andererseits durch lebenslange körperliche Fitness weitgehend im Zaum gehalten werden können.

So steigt der Blutdruck mit dem Alter an, außerdem schwanken die Blutdruckwerte bei älteren Menschen im Laufe des Tages stärker als bei jüngeren, was wiederum die Behandlung von Bluthochdruck im Alter nicht ganz einfach macht. Besonders im höheren Alter nimmt die Fähigkeit des Körpers ab, den Blutdruck an sich verändernde Situationen rasch anzupassen. So kommt es vor, dass die Werte im Sitzen normal sind, nach dem Aufstehen aber abfallen und dann erst allmählich wieder auf normale Werte ansteigen. Das ruft Schwindelgefühle hervor und kann zu Sturzverletzungen wie etwa Knochenbrüchen führen.

Im Alter lässt die muskuläre Leistungsfähigkeit des Herzens nach, sodass manche Belastungen nur gemeistert werden können, indem das Herz durch schnelleres Schlagen mehr Sauerstoff mit dem Blut in den Körper und vor allem die Muskeln pumpt.

Dies gelingt aber auch nur in begrenztem Maße, da der Puls unter Belastung mit zunehmendem Alter nicht mehr so stark ansteigt wie in der Jugend. Die nachlassende Muskelkraft des Herzens ist jedoch nicht gleichzusetzen mit einer krankhaften Herzschwäche.

Diese altersbedingten Veränderungen an Herz und Kreislauf verursachen, wenn überhaupt, nur geringe Beschwerden. Aber sie können sich stärker bemerkbar machen, wenn eine andere Krankheit hinzukommt und das Herz stärker belastet wird. Sie können diesen eigentlich ganz natürlichen Veränderungen entgegenwirken, indem Sie Ihr Leben lang beweglich bleiben und Ihr Herz-Kreislauf-System durch regelmäßige sportliche Betätigung trainieren. Dann behält es seine Muskelkraft, seine Anpassungsfähigkeit und auch einen normalen Blutdruck. Natürlich unterstützen Sie Herz und Kreislauf auch dadurch, dass Sie Übergewicht vermeiden, sich lustvoll, aber nicht übermäßig ernähren und in Ihrem Leben immer wieder für Aktivität, Entspannung und inneren Frieden sorgen.

Viel Bewegung, ausgewogene Ernährung und Entspannung werden Ihnen als Quelle für ein gesundes, langes und zufriedenes Leben immer wieder in diesem Buch begegnen. Und nicht nur hier: Beobachten Sie einmal Ihre Mitmenschen, dann werden Sie feststellen, dass diejenigen, die selbst gegen Ende ihrer zweiten Lebenshälfte Gesundheit, Vitalität und Heiterkeit ausstrahlen, meist Menschen sind, die ihr Leben – mit all seinen Hindernissen und trüben Zeiten – aktiv und mit Zuversicht gemeistert haben. Ausnahmen bestätigen natürlich auch hier die Regel.

Bluthochdruck

Anders als bei den beschriebenen Veränderungen der Herz- und Kreislauffunktion im Alter ist der Bluthochdruck eine zwar kaum spürbare, dafür aber umso gefährlichere Krankheit, die unbehandelt zu Herzschwäche, frühzeitiger Arteriosklerose (siehe auch Seite 53), Schlaganfall, Herzinfarkt und Nierenversagen führen kann.

Dabei muss zunächst einmal mit dem weit verbreiteten Vorurteil aufgeräumt werden, dass ein etwas höherer Blutdruck im Alter ganz normal sei. Viele Menschen sind auch immer noch der Ansicht, dass man zum Lebensalter 100 dazuzählen dürfe und damit den normalen oberen Blutdruckwert erhalte. Das ist schlichtweg falsch; vielmehr ist ein Blutdruck von 120/80 Millimeter Quecksilbersäule bei allen Erwachsenen – auch den älteren und sehr alten – normal und sollte bei Bluthochdruck durch eine Behandlung mit Medikamenten angestrebt werden. Nach der heutigen Definition beginnt ein hoher Blutdruck bereits ab Werten von 140/90 Millimeter Quecksilbersäule.

Allerdings sollte man sich auch nicht zu sehr auf dieses Ziel fixieren, da der Blutdruck im Alter ja stärker schwankt und man ihn auf keinen Fall so weit senken darf, dass er punktuell zu tief absackt, sodass dem Patienten schwindlig wird und er womöglich kollabiert und sich dabei verletzt. Zudem verbieten einige Formen des Bluthochdrucks sowie begleitende Krankheiten eine zu starke Blutdrucksenkung. Und schließlich gibt es Menschen, die einen solchen »normalen« Blutdruck – selbst nach einer längeren Gewöhnungsphase – nicht tolerieren.

Verursacht wird hoher Blutdruck einerseits durch erbliche Veranlagung, andererseits aber auch durch Umweltfaktoren und falsche Lebensgewohnheiten, wobei Übergewicht, Bewegungsmangel, Stress, Rauchen, zu viel Salz in der Nahrung (nur bei einem Drittel der Patienten) sowie Alkohol- und Kaffeegenuss in großen Mengen die wichtigste Rolle spielen. Die Vorbeugung und Bekämpfung von Bluthochdruck beginnt also mit dem Engagement und einer Lebensumstellung des Patienten. Leider jedoch kann ein hoher Blutdruck, wenn er sehr lange besteht, sich verselbstständigen, sodass er dann nicht mehr durch Gewichtsabnahme, mehr Bewegung und eine gesündere Lebensweise allein zu senken ist, sondern zusätzlich eine medikamentöse Behandlung erforderlich wird. Dennoch sollten Sie alle Risikofaktoren eines hohen Blutdrucks aus Ihrem Leben verbannen, denn sie können darüber hinaus auch Herz und Gefäßen gefährliche Schäden zufügen.

Muss der Blutdruck mit Medikamenten gesenkt werden, so kann das besonders bei älteren Menschen zum Geduldsspiel werden. Viele Tabletten, die jüngeren Menschen nur wenig anhaben können, werden im Alter nicht mehr so gut vertragen. Auch muss der Arzt die Dosis langsam steigern, damit der Blutdruck nach der Tabletteneinnahme nicht zu stark sinkt. Deshalb müssen Sie, falls Sie an hohem Blutdruck leiden, sich auf eine längere Zeit einstellen, in der Sie häufig Ihren Arzt aufsuchen, da er vielleicht erst mehrere Präparate ausprobieren muss, bis er Substanzen gefunden hat, die Sie gut vertragen und die Ihren Blutdruck sicher, aber nicht zu stark senken.

Wissenswertes für Blutdruckmessung und -behandlung:

- Wenn der Blutdruck bei Ihrem Arzt immer sehr hoch ist, in der Apotheke oder bei der Selbstmessung aber normal, leiden Sie vielleicht an einem so genannten »Weißkittelhochdruck«, der nicht behandlungsbedürftig ist und von der Aufregung beim Arzttermin herrührt. Endgültige Gewissheit bringt hier die 24-Stunden-Blutdruck-Messung, die Ihr Arzt durchführt oder zu der er Sie zu einem Spezialisten überweist.
- Lassen Sie sich durch die gelegentliche Messung eines hohen Blutdrucks nicht nervös machen, wenn er sonst weitgehend normal ist. Mit zunehmendem Alter kann der Blutdruck vor allem bei Aufregungen und in ungewöhnlichen Situationen stark ansteigen. Tritt dann Entspannung ein, so beruhigt sich auch der Blutdruck.
- Machen Sie sich selbst nicht durch zu häufige Blutdruckmessungen verrückt, wenn Sie ein Gerät zur Selbstmessung besitzen. Denn immer dann, wenn Sie glauben, jetzt könnte der Blutdruck erhöht sein, ist er es mit großer Wahrscheinlichkeit auch, da bereits diese Erwartungshaltung ihn

in die Höhe treiben kann. Messen Sie lieber ein- oder zweimal am Tag zu festen Zeiten.

- Werden Sie zum Experten Ihrer Krankheit: Damit gewinnen Sie Autonomie und müssen sich nicht bei jedem Anstieg des Blutdrucks gleich an den Arzt wenden. Lassen Sie sich von Ihrem Hausarzt genau erklären, welche Tabletten welche Wirkung haben und wie Sie sie im Notfall, also wenn ein gewisser Blutdruckwert überschritten wird, einsetzen können.
- Suchen Sie aber sofort einen Arzt auf, wenn Sie häufig hohe Werte messen oder ein Medikament nicht gut vertragen. Auch wenn es etwas Zeit und Geduld erfordert, wird der Arzt in den meisten Fällen das für Sie geeignete Mittel finden können.
- Bewegen Sie sich darüber hinaus regelmäßig, überanstrengen Sie sich aber nicht, da bei starker körperlicher Belastung – etwa einem Sprint zum Bus – der Blutdruck gefährlich hohe Werte erreichen kann. Machen Sie lieber ausgiebige Spaziergänge, fahren Sie Rad, gehen Sie (wenn sonst gesundheitlich nichts dagegen spricht) schwimmen, machen Sie Gymnastik, schwingen Sie das Tanzbein oder schaffen Sie sich Langlaufski an.
- Sorgen Sie für ausreichende Entspannung, indem Sie zum Beispiel einen Kurs in Autogenem Training, Progressiver Muskelentspannung, Meditation oder Qi Gong belegen.

Unregelmäßiger Puls

Eine weit verbreitete Form von Herzrhythmusstörungen, das Vorhofflimmern, kommt besonders im Alter häufig vor: jeder Zehnte über 70 leidet daran. Bei dieser Rhythmusstörung schlägt das Herz vollkommen unregelmäßig, was in Ruhe keine größeren Beschwerden verursacht. Das Herz kann jedoch den unregelmäßigen Rhythmus bei körperlicher Anstrengung nicht in dem Maße steigern, wie das bei einem regelmäßigen Herzschlag gelingt. Deshalb ist die Belastbarkeit von Menschen mit Vorhofflimmern eingeschränkt.

Vorhofflimmern ist im Gegensatz zu den bereits dargestellten Veränderungen im Alter nicht als natürliche Alterserscheinung zu betrachten, da es meist auf dem Boden einer Herzerkrankung entsteht, insbesondere einer Herzschwäche. In einigen Fällen tritt es jedoch ohne ersichtlichen Grund auf und wird dann idiopathisches Vorhofflimmern genannt. Die Gefahr dieser Rhythmusstörung liegt vor allem darin, dass sich dabei im linken Herzvorhof Blutgerinnsel bilden können, die mit dem Blutstrom weitergetragen werden und zum Beispiel in einer Arterie im Gehirn stecken bleiben, wo sie einen Schlaganfall verursachen können. Deshalb werden Patienten mit Vorhofflimmern Medikamente verschrieben, die die Blutgerinnung hemmen, sofern sie älter als 65 Jahre alt sind und keine anderen Krankheiten oder Risikofaktoren eine solche Behandlung verbieten. Auch jüngere Menschen werden mit solchen gerinnungshemmenden Medikamenten behandelt, aber nur dann, wenn sie in besonderem Maße durch eine Blutgerinnselbildung gefährdet sind.

Die Einnahme von blutgerinnungshemmenden Medikamenten

Wenn Sie Medikamente einnehmen müssen, die Ihre Blutgerinnung hemmen, schränkt dies Ihre Bewegungsfreiheit nicht ein. Sie können all das tun, was Sie zuvor auch getan haben, also auch Sport treiben. Allerdings kann es, wenn Sie sich beim Sport verletzen, zu einer starken Blutung kommen, die man anfangs manchmal gar nicht bemerkt. Selbst bei einer so banalen Verletzung wie dem Stoß gegen eine Tischkante bildet sich bei Menschen, die gerinnungshemmende Medikamente erhalten, nicht nur ein kleiner blauer Fleck, sondern es kann eine starke Blutung in die Muskeln oder unter die Haut auftreten, die schlimmstenfalls sogar zum Blutungsschock führt. Deshalb sollten Sie sich nach jeder Verletzung, bei der es zu einer inneren Blutung gekommen sein könnte, sofort vom Arzt untersuchen lassen – auch am Wochenende und nachts. Dafür stehen Ihnen zumindest in größeren Städten Notfallpraxen offen, ansonsten suchen Sie eine Klinikambulanz auf.

Wichtig ist auch, dass Sie jeden Arzt darüber informieren, dass Sie solche Medikamente einnehmen, damit eine starke Blutung vermieden wird – auch wenn nur ein kleiner Eingriff vorgenommen werden soll, etwa eine Parodontosebehandlung oder eine Injektion gegen Hexenschuss.

Andere Medikamente, die unter anderem den Herzschlag verlangsamen, werden dann eingesetzt, wenn der Puls nicht nur unregelmäßig, sondern auch sehr schnell ist. Dies bedeutet für den Patienten zwar keine akute Gefahr, schränkt aber seine Lebensqualität ein, da die Herzleistung mit steigendem Puls abnimmt. Und mit eingeschränkter Herzleistung sinkt auch die allgemeine körperliche Belastbarkeit und schließlich der Lebensmut.

Vorhofflimmern ist grundsätzlich keine dramatische Erkrankung, sofern sich der Betroffene mit den genannten Maßnahmen vor möglichen Risiken und Einschränkungen schützt. Ansonsten sollten Sie sich über den unregelmäßigen Puls keine Sorgen machen. Sie können sich trotzdem körperlich bewegen und ein aktives, erfülltes Leben führen, wenn Sie extreme Anstrengungen vermeiden, die Ihnen Ihr »flimmerndes« Herz übel nehmen könnte.

Wenn Sie jedoch bisher immer einen regelmäßigen Puls hatten und plötzlich Herzrhythmusstörungen auftreten, die Ihnen beim Pulsmessen auffallen oder sich durch »Herzstolpern« bemerkbar machen, müssen Sie unverzüglich Ihren Arzt aufsuchen, denn es kann sich auch einmal um weniger harmlose Rhythmusstörungen handeln, als es beim Vorhofflimmern der Fall ist.

Koronare Herzkrankheit

Eine klassische Krankheit der frühen zweiten Lebenshälfte ist die koronare Herzkrankheit, die Verengung der Herzkranzgefäße: In den westlichen Industrieländern leidet jeder fünfte Mann in mittleren Jahren daran. Aber auch Frauen sind relativ häufig davon betroffen; allerdings erkranken sie oft erst im höheren Alter. In letzter Zeit hören jedoch auch immer jüngere Menschen die Diagnose koronare Herzkrankheit, die in unserem Kulturkreis mittlerweile zur Todesursache Nummer eins avanciert ist.

In den allermeisten Fällen beruht die koronare Herzkrankheit auf einer Arteriosklerose, der Verengung von Schlagadern (Arterien) oder – wie man nicht ganz korrekt im Volksmund sagt – der Gefäßverkalkung. Bei der koronaren Herzkrankheit werden die Herzkranzgefäße, die das Herz mit Blut und damit mit Sauerstoff und Nährstoffen versorgen, langsam immer enger. Zunächst verläuft dieser Prozess weitgehend unbemerkt, da das Herz erst dann an einem Sauerstoffmangel zu leiden beginnt, wenn die Gefäße um 75 Prozent und mehr eingeengt sind.

Dann aber macht sich dieser Sauerstoffmangel bei starken Belastungen bemerkbar – etwa wenn es beim Wandern steil bergauf geht oder man alle Betten im Haushalt beziehen muss und es dabei sehr eilig hat. Plötzlich fühlt man eine Enge auf der Brust – die klassische Angina pectoris –, als würde sie zusammengeschnürt, oder man empfindet ein Brennen beziehungsweise einen Schmerz, der in den Hals, den Unterkiefer, die Schultergegend, den linken oder rechten Arm, den Rücken oder in die Magengegend ausstrahlen kann. Manche Menschen leiden auch eher unter Atemnot, Erschöpfung oder Bauchschmerzen als unter der oben geschilderten typischen Brustenge. Das ist besonders bei Frauen der Fall, bei denen die Diagnose einer koronaren Herzkrankheit schwieriger ist und deshalb oft auch später gestellt wird.

Obwohl die koronare Herzkrankheit bei uns so häufig auftritt und auch sehr oft zum Tode führt, sollte sie nicht als unabänderlich hingenommen werden. Denn viele der bisher bekannten Ursachen (oder besser Risikofaktoren) der Arteriosklerose im Allgemeinen und der koronaren Herzkrankheit im Besonderen können schon frühzeitig ausgeschaltet oder behandelt werden. Die wichtigsten Feinde eines gesunden Herzens sind Übergewicht, hoher Blutdruck, Fettstoffwechselstörungen, Zuckerkrankheit und Rauchen. Aber auch Bewegungsmangel und negativer Stress spielen eine nicht unerhebliche Rolle bei der Entstehung von Arteriosklerose und koronarer Herzkrankheit.

Die meisten dieser Faktoren haben Sie weitgehend selbst in der Hand – Sie allein können also durch eine gesunde Lebensweise dafür sorgen, dass Ihre Blutgefäße bis ins hohe Alter keine oder nur geringe krankhafte Veränderungen aufweisen und Ihr Herz ausreichend mit Blut und Sauerstoff versorgt wird. Sie können Ihr Körpergewicht normal halten, sich gesund und vielseitig ernähren, aufs Rauchen verzichten und zusätzlich mit genügend Bewegung und ausreichend Entspannung dafür sorgen, dass Bluthochdruck, Zuckerkrankheit und Fettstoffwechselstörungen bei Ihnen keine Chance haben. Natürlich gibt es auch angeborene Fettstoffwechselstörungen oder die jugendliche Form der Zuckerkrankheit, die immer ärztlich behandelt werden müssen. Die meisten Fälle von Arteriosklerose und koronarer Herzkrankheit beruhen jedoch auf so genannten Wohlstandskrankheiten, denen Sie durch eine gesunde Lebensweise ganz natürlich und einfach vorbeugen können.

Wie Sie Ihr Leben auf gesündere Füße stellen und so der Arteriosklerose und ihren Folgekrankheiten vorbeugen können, lesen Sie in den Kapiteln über gesunde Ernährung, Bewegung und Entspannung (siehe Seite 133ff., 138ff. und 147ff.).

Wie entsteht Arteriosklerose?

Zu Beginn der Arteriosklerose vermutet man eine Schädigung an der feinen, einschichtigen Innenhaut der Schlagadern (Arterien), die zum Beispiel durch hohen Blutdruck ausgelöst werden kann. Ist diese dünne Hautschicht dadurch durchlässiger geworden, so dringen Cholesterinmoleküle hindurch und lagern sich in der Gefäßwand ab, die neben der Innenschicht noch aus einer mittleren Muskelschicht und einer äußeren Bindegewebsschicht besteht. Diese Cholesterinmoleküle lagern sich natürlich besonders dann ab, wenn viele von ihnen im Blut kreisen, wenn also der Betroffene an einem erhöhten Cholesterinspiegel leidet.

Diese speziellen Fette verursachen in der Gefäßwand eine Entzündung, sodass die Wand dicker wird und das Gefäß einengt. Die Cholesterinmoleküle fließen dabei zu kleinen Cholesterinseen zusammen, die arteriosklerotische Plaques genannt werden. Diese Plaques sind oft nur durch eine dünne bindegewebige Schicht von der Innenseite der Gefäße getrennt, in denen das Blut fließt. Platzen sie auf, so bildet sich darüber sofort ein Blutgerinnsel, das das Gefäß weiter einengen oder sogar akut verschließen kann.

Beim Verschluss eines Herzkranzgefäßes wird ein Teil des Herzmuskels dann abrupt von der Blutversorgung abgeschnitten – es entsteht ein Herzinfarkt. Wird ein Blutgefäß im Gehirn durch ein Blutgerinnsel verschlossen, kommt es zu einem Schlaganfall.

Die koronare Herzkrankheit kann sich also durch eine Angina pectoris äußern, sie kann aber auch ohne Vorwarnung zu einem Herzinfarkt führen. Schlimmstenfalls ist sie Ursache des so genannten plötzlichen Herztodes, der durch einen Herzinfarkt oder Kammerflimmern infolge des akuten Verschluss eines Herzkranzgefäßes eintritt. Dies soll Sie nicht das Fürchten lehren, aber Ihnen dennoch die ernste Seite dieser so weit verbreiteten Volkskrankheit nahe bringen – und Sie motivieren, alles zu tun, um diese Krankheit zu vermeiden.

Sehr wichtig ist es, bei den ersten möglichen Anzeichen einer koronaren Herzkrankheit – wie zum Beispiel Schmerzen auf der Brust, Atemnot bei Belastung, aber auch unklaren Schmerzen im Bauch oder Rücken – zum Arzt zu gehen, der die Krankheit meist schon mit einfachen Mitteln diagnostizieren und einem Herzinfarkt durch eine entsprechende Behandlung vorbeugen kann. Dazu kann die Medizin entweder verschiedene Medikamente einsetzen, die verengten Gefäße mit einem Ballon aufdehnen und mit einem Metallgeflecht offen halten oder einen Bypass legen, bei dem das Blut mit Hilfe von versetzten Brustwandarterien oder Beinvenen an den Engstellen vorbeigeleitet wird. Zusätzlich ist immer eine Einschränkung der Risikofaktoren nötig, etwa durch eine Normalisierung des Gewichts, ausreichende Bewegung und Entspannung, gesunde Ernährung sowie eventuell durch die medikamentöse Senkung eines zu hohen Blutdrucks, einer Zucker- und/oder Fettstoffwechselstörung.

Herzschwäche

Eine Herzschwäche (Herzinsuffizienz) ist keine natürliche Alterserscheinung, auch wenn das in früheren Zeiten angenommen wurde, sondern immer die Folge einer Erkrankung des Herzens. Auch wenn es im Alter zu natürlichen Veränderungen am Herzen kommt, gehört die Herzschwäche ebenso wenig wie die koronare Herzkrankheit oder der hohe Blutdruck dazu.

Während eine Herzschwäche bei 3 Prozent der Gesamtbevölkerung vorkommt, ist sie bei den über 70-Jährigen schon mit zehn Prozent vertreten. Die Hauptursache der Herzschwäche ist mit 90 Prozent der Bluthochdruck (siehe Seite 46ff.) und seine Folgekrankheiten koronare Herzkrankheit und Herzinfarkt (siehe Seite 52ff.).

Eine Herzinsuffizienz äußert sich in Atemnot, die anfangs nur bei stärkerer Belastung auftritt und in fortgeschrittenen Fällen sogar in Ruhe vorhanden ist. Daneben verringert eine Herzschwäche die allgemeine Belastbarkeit, verursacht ein Gefühl von Schwäche und kann damit die Lebensfreude erheblich beeinträchtigen. Typisch sind auch Einlagerungen von Wasser in den Beinen, die beim Liegen wieder in die Blutgefäße aufgenommen werden. Das ist der Grund, warum man bei Herzschwäche nachts häufig wach wird und Wasser lassen muss.

Eine zwar gut gemeinte, aber dennoch gefährliche Folge der Herzschwäche ist der Versuch des Körpers, das Herz zu besserer Leistung anzutreiben, indem er einen Teil des unwillkürlichen Nervensystems aktiviert und damit unter anderem den Herzschlag beschleunigt. Mit einem häufigeren Pumpen pro Minute will der Körper einen Ausgleich dafür schaffen, dass das geschwächte Herz pro Pumpaktion zu wenig Blut in die Gefäße befördert. Dies gelingt zumindest zu Beginn der Herzschwäche auch vielfach – aber um den Preis, dass die nervliche Aktivierung häufig zu Rhythmusstörungen führt, die wiederum im Spätstadium der Erkrankung tödlich enden können.

Risikopatienten sollten daher alles tun, um einer solchen Herzschwäche so früh und konsequent wie möglich zu begegnen. Sorgen Sie dafür, dass Ihr Blutdruck nicht durch Übergewicht, Bewegungsmangel, Stress, Rauchen und zu viel Kaffee und Alkohol in die Höhe getrieben wird. Bemühen Sie sich darum, dass ein hoher Blutdruck bei Ihnen keine frühzeitige Arteriosklerose verursacht, die zu einem Infarkt führen, einen Teil des Herzmuskels lahm legen und dadurch die gesamte Leistungsfähigkeit des Herzens mindern könnte. Sie haben die Gesundheit Ihres Herzens und natürlich auch des ganzen Körpers weitgehend selbst in der Hand.

Der Arzt wird Ihnen dann mit Medikamenten oder Operationen helfen, wenn Sie den Blutdruck nicht mehr allein durch einen gesunden Lebensstil senken können. So kann heute eine Reihe von Medikamenten die Symptome einer Herzschwäche bekämpfen: Entwässernde Mittel schwemmen die Wasseransammlungen in Beinen und Lunge aus und lindern die Atemnot. Digitalispräparate sind in der Lage, die Herzkraft ein wenig zu steigern und einen zu schnellen Puls wieder zu verlangsamen. Und doch vermögen all diese Medikamente es nicht, den durch einen Herzinfarkt verloren gegangenen Teil der Muskelkraft des Herzens zurückzuholen. Lediglich von den so genannten ACE-Hemmern ist bekannt, dass sie den Verlauf einer Herzschwäche verbessern können, vermutlich weil sie den fatalen Einfluss des vegetativen Nervensystems teilweise neutralisieren. Daher gehören ACE-Hemmer – sofern nichts dagegen spricht – zur Basisbehandlung jedes Patienten mit Herzinsuffizienz.

Lunge

Ebenso wie viele andere Organe weist auch die Lunge mit zunehmendem Alter typische Veränderungen auf. So nimmt ihre Fähigkeit ab, Sauerstoff aus der Luft aufzunehmen; dies macht sich jedoch nur in Belastungssituationen bemerkbar, da vor allem die maximale Sauerstoffaufnahme, die bei Spitzenbelastungen für eine ausreichende Sauerstoffversorgung des Körpers zuständig ist, im Alter stark zurückgeht. Zur verminderten Atemkapazität tragen unter anderem die geringere Elastizität der Bronchien, Verkalkungen in Luftröhre und Bronchien sowie eine verminderte Zahl an Lungenbläschen bei, in denen der Austausch von Sauerstoff und Kohlendioxid stattfindet.

Unter normalen Umständen sind diese Veränderungen jedoch weder bemerkbar noch Anlass für körperliche Einschränkungen. Allerdings können zusätzliche Krankheiten, wie zum Beispiel auch Herzkrankheiten, die fehlende Reserve an den Tag bringen und zu Symptomen wie Atemnot führen. Ferner treten Infektionen insbesondere der tiefen Atemwege im Alter häufiger auf als bei jungen Menschen. Schuld daran ist einmal die abnehmende Abwehrkraft des Körpers und zum anderen der nachlassende Hustenreflex.

Weniger dem abnehmenden Hustenreflex, dafür aber allen anderen Veränderungen des Atemsystems können Sie durch lebenslange regelmäßige Bewegung weitgehend vorbeugen. Denn Bewegung trainiert nicht nur die an der Atmung beteiligten Muskeln und hält die Gelenke des Brustkorbs beweglich, sie erhöht auch die Atemkapazität der Lunge, sodass deren Abnahme im Alter geringer ausgeprägt ist und weniger ins Gewicht fällt. Denken Sie auch hier daran: Sie selbst können am meisten tun, damit Ihnen in späteren Jahren nicht »die Luft ausgeht«.

Das Gleiche gilt für Atemwegs- und Lungenerkrankungen, die im Alter häufiger auftreten, sich aber keineswegs mit den natürlichen Altersveränderungen dieser Organe erklären lassen: Auch für die im Alter häufige chronische Bronchitis und das Lungenemphysem sind in erster Linie die Patienten selbst verantwortlich, denn mit etwa 90 Prozent steht das Zigarettenrauchen an erster Stelle der Ursachen dieser Krankheiten. Je früher Sie also mit dem Rauchen aufhören, desto länger stehen Ihnen Ihre Bronchien und Lungen auch im hohen Alter funktionstüchtig zur Verfügung.

Chronische Bronchitis

Wer innerhalb von zwei Jahren mindestens drei Monate hintereinander an Husten und Auswurf leidet, hat eine chronische Bronchitis – so die Definition. Die Bronchitis beruht auf einer andauernden Entzündung in den Bronchien, die zunächst zu krankhaften Veränderungen der Schleimhaut mit starker Schleimproduktion und später auch zu einem Umbau der Muskelschicht in den Bronchien führt. Die Hauptursache ist, wie bereits erwähnt, das Rauchen: Neun von zehn Menschen mit chronischer Bronchitis sind oder waren Raucher, und jeder zweite Raucher über 40 Jahre hat eine chronische Bronchitis. Auch der häufige Aufenthalt in staubhaltiger (Bergbau!) oder feuchtkalter Luft sowie wiederholte Infektionen der Atemwege können eine chronische Bronchitis verursachen oder sie, falls sie schon besteht, verschlimmern.
Die entzündlichen Veränderungen an den Bronchien schreiten immer weiter fort, wenn die krank machende Ursache nicht verschwindet. Außerdem kann die chronische Bronchitis in ein Lungenemphysem (siehe Seite 59) übergehen und dann zu Atemnot und Unterversorgung des Körpers mit Sauerstoff führen. Je länger diese Veränderungen bestehen, desto schwieriger ist es, sie wieder zum Verschwinden zu bringen. Allerdings schreiten sie ab dem Moment nicht weiter fort, an dem man die Ursache beseitigt, was in der Regel nichts anderes heißt, als das Rauchen aufzugeben.

Da der Bergbau immer mehr an Bedeutung verliert und das Arbeiten in feuchtkaltem Milieu arbeitsmedizinisch immer besser überwacht wird, ist die wichtigste Empfehlung zum Schutz vor einer chronischen Bronchitis, nicht zu rauchen oder dieses »Laster« so früh wie möglich aufzugeben.

Lungenemphysem

Wieder einmal ist das Rauchen die Hauptursache dieser Krankheit, denn es führt zu einer langsamen und nicht wieder gutzumachenden Zerstörung der Lungenbläschen. Wer einmal einen abgemagerten Emphysematiker mit bläulich verfärbter Haut hat nach Atem ringen sehen, wird seine letzte Zigarette vermutlich schneller im Aschenbecher ausdrücken, als es der Anblick von geschwärzten Lungen bewirken könnte. Den beschriebenen fortgeschrittenen Zustand erreicht glücklicherweise nicht jeder Emphysematiker – es sei denn, er hört nicht auf zu rauchen.

Die existenzielle Bedrohung durch ständigen Sauerstoffmangel im Körper ist vermutlich mit keiner anderen Krankheit vergleichbar. Eine leise Ahnung von diesem Zustand bietet vielleicht die Erinnerung an eine schwere akute Bronchitis, bei der sich die Bronchien wund anfühlten und ein zunehmendes Engegefühl die Angst schürte, nicht mehr atmen zu können. Die einzig wirklich hilfreiche Maßnahme gegen diese Krankheit besteht darin, möglichst gar nicht erst mit dem Rauchen zu beginnen oder es so früh wie möglich wieder aufzugeben, spätestens aber die Lebensmitte als Abkehr von dieser gefährlichen Sucht zu nutzen.

Wie entsteht ein Lungenemphysem?

Beim Lungenemphysem werden die feinen Lungenbläschen, die sich am Ende jedes kleinen Bronchienastes finden und über die der Körper Sauerstoff aufnimmt und Kohlendioxid abgibt, ganz langsam, aber stetig zerstört. Schuld daran sind körpereigene Stoffe, die Eiweiße abbauen: Damit sie nicht in der Lunge ihr Unwesen treiben, werden sie normalerweise von anderen Stoffen inaktiviert. Diese Stoffe aber werden durch den Zigarettenrauch außer Kraft gesetzt, sodass die Eiweißzerstörer ungehindert die Lungenbläschen angreifen können.

Die chronische Bronchitis und das Lungenemphysem treten deshalb vor allem bei älteren Menschen auf, da die Zerstörungsprozesse in den Bronchien oder an den Lungenbläschen lange Zeit benötigen, bevor der Mensch sie überhaupt bemerkt.

Die wichtigste Behandlung ist auch beim Lungenemphysem der sofortige und konsequente Verzicht auf jede weitere Zigarette, damit der Zerstörung ein Ende gesetzt wird. Alle weiteren Behandlungmaßnahmen nehmen sich demgegenüber recht bescheiden aus: Das zerstörte Gewebe lässt sich nun einmal nicht ersetzen, sodass lediglich die Gabe von Sauerstoff bei schwerem Sauerstoffmangel eine gewisse Linderung bietet. Gerade diese Krankheit ist ein bitteres Beispiel dafür, dass die Medizin nicht immer wieder heilen kann, was man durch eine ungesunde Lebensweise angerichtet hat. Es geht keineswegs um Moral oder Schuldzuweisung, sondern nur darum, jeden Raucher dazu zu motivieren, seine Sucht zu beenden – auch wenn es ein hartes Stück Arbeit ist. Die Schmerzen und Leiden einer chronischen Bronchitis oder eines schweren Lungenemphysems sind weitaus schlimmer.

Wasserhaushalt: Niere, Blase und Prostata

Auch die Niere büßt mit zunehmendem Alter einen Teil ihrer Funktion ein, was sich jedoch im Normalfall ebenso wie die meisten anderen Altersveränderungen nicht bemerkbar macht. Dies erkennt man bereits daran, dass der Mensch selbst mit einer Niere ein gesundes Leben führen und dabei sehr alt werden kann. Die eingeschränkte Nierenfunktion kann dagegen Probleme bereiten, wenn sie durch eine zu hohe Dosis von Medikamenten belastet wird.

Medikamentenabbau und Flüssigkeitszufuhr

Was die Niere eines jungen Menschen spielend wieder ausscheidet, dauert beim älteren womöglich länger, sodass immer eine kleine Menge im Körper zurückbleibt, während er schon wieder die nächste Dosis einnimmt. Irgendwann aber hat sich dieser Stoff im Körper zu einer solchen Menge angesammelt, dass es zu gefährlichen Nebenwirkungen und sogar Vergiftungserscheinungen kommen kann. Ein klassisches Beispiel ist die Behandlung einer Herzschwäche mit Digitalis: Wurde die Behandlung mit Digitalis bei noch guter Nierenfunktion begonnen, so bemerkt man oft erst an Vergiftungssymptomen, dass der Stoff sich im Körper anreichert, nachdem die Nierenfunktion sich verschlechtert hat. Beschwerden äußern sich zum Beispiel in Übelkeit, Erbrechen, gestörtem Farbensehen und Herzrhythmusstörungen.

Auch in anderen Belastungssituationen, etwa wenn ein Mensch bei hohen Außentemperaturen stark schwitzt, kann dies die bisher unbemerkte Nierenfunktionseinschränkung weiter verschärfen und schlimmstenfalls zum akuten Nierenversagen führen. Ansonsten aber gehört die langsame Abnahme der Nierenfunktion zu den natürlichen Veränderungen des Alters, die weder eine Krankheit darstellen noch unangenehme Symptome hervorrufen. Wie all diese Einschränkungen der Organfunktion im Alter zwingen sie jedoch zu einem besonnenen Umgang mit dem Körper, der Überbelastungen und ebenso Unterforderungen möglichst vermeidet.

Eine besondere Form der »Unterforderung« ist das Problem der zu geringen Flüssigkeitszufuhr, das mit zunehmendem Alter immer größer wird, während das Durstgefühl abnimmt. Zwar müssen sich oft schon jüngere Menschen dazu zwingen, genügend zu trinken, mit der schwindenden Wahrnehmung von Durst wird es jedoch zur Pflicht, schon morgens die Trinkmenge für den gesamten Tag bereitzustellen und sie trotz fehlenden Durstes über den Tag verteilt zu sich zu nehmen.

In der Regel werden etwa zwei bis zweieinhalb Liter Flüssigkeit empfohlen; diese Menge sollte jedoch bei hohen Umgebungstemperaturen gesteigert, bei einer schweren Herzschwäche oder bestimmten Stadien der Nierenschwäche aber verringert werden. Bevor Sie also jeden Tag drei Flaschen Mineralwasser trinken, fragen Sie besser zunächst Ihren Arzt, welche Trinkmenge für Sie persönlich die richtige ist. Außerdem sollten Sie bedenken, dass diese Menge sich im Laufe der Zeit ändern kann.

Aber nicht nur die Funktion der Niere und das Durstgefühl verändern sich mit zunehmendem Alter – auch die Blase kann gelegentlich Probleme bereiten, bei denen jedoch einige Tricks Abhilfe schaffen. Normalerweise fasst die Blase einen halben Liter und sogar noch mehr Urin; steigt die Menge darüber hinaus an, so verspürt man den Drang, die Blase zu entleeren. Im höheren Lebensalter erhöht sich die Spannung des Blasenmuskels, während das Fassungsvermögen der Blase abnimmt – was dazu führt, dass der Harndrang sich häufiger meldet. Das ist besonders nachts lästig und kann dazu führen, dass die Betroffenen weniger trinken, um durchschlafen zu können. Das ist jedoch genau die falsche Reaktion auf diese natürliche Veränderung, denn dadurch könnte der Körper austrocknen und die Nierenfunktion sich verschlechtern. Auf ein einmaliges Aufstehen in der Nacht sollte man sich lieber von vornherein einstellen und dafür weiterhin am Tag genügend trinken.

Harninkontinenz

Unangenehm wird es jedoch dann, wenn diese Veränderungen an der Blase zu einem unwillkürlichen Abgang von Urin führen. Schon viele jüngere Frauen, die sich oft sogar noch in der ersten Lebenshälfte befinden, leiden unter unwillkürlichem Urinabgang, verschweigen dies aber, weshalb es leider auch unbehandelt bleibt. Ein frühzeitiges Gegensteuern, zum Beispiel durch Beckenbodentraining, kann dieses Problem vielfach völlig aus der Welt schaffen, zumindest jedoch lindern und das Leben vor und nach der Lebensmitte wieder angenehmer machen.

Eine Harninkontinenz kann sich zum einen darin äußern, dass man zwar den Drang verspürt, es aber nicht mehr rechtzeitig zur Toilette schafft: Schon vorher gehen ein paar Tropfen oder auch eine größere Menge Urin ab. Bei dieser Dranginkontinenz, die die häufigste Form der Harninkontinenz im Alter ist, können zwar Medikamente den angespannten Blasenmuskel etwas lockern, gehen aber gerade für ältere Menschen mit unangenehmen Nebenwirkungen einher. Deshalb ist vor allem ein einfacher Trick zu empfehlen: Stellen Sie fest, wie lange es dauert, bis Sie nach der Entleerung der Blase wieder zur Toilette müssen. Machen Sie es sich dann zur Gewohnheit, bereits vorher die Toilette aufzusuchen – also noch bevor der Harndrang einsetzt.

Noch häufiger kommt insgesamt die so genannte Stressinkontinenz vor, die meist auf eine Senkung im Beckenbodenbereich zurückgeht und vor allem Frauen betrifft. Durch Schwangerschaft und Geburt, aber auch durch schwere körperliche Arbeit und einen Östrogenmangel nach den Wechseljahren können die Beckenbodenmuskeln so überdehnt sein, dass jeder Druckanstieg in der Bauchhöhle – der etwa bei körperlicher Anstrengung, beim Husten, Niesen und Lachen entsteht – den Verschlussmechanismus der Blase außer Kraft setzt und einen unfreiwilligen Harnabgang verursacht.

In diesem Fall können Östrogenpräparate gelegentlich hilfreich sein; die beste Behandlung und vor allem Vorbeugung besteht jedoch in einem regelmäßigen Beckenbodentraining. Genau wie alle anderen Muskeln im Körper können nämlich auch die Beckenbodenmuskeln durch spezielle Übungen gestärkt werden und so einer Stressinkontinenz entgegenwirken. Die Übungen sollten unter fachkundiger Anleitung erlernt und dann mehrmals täglich durchgeführt werden, um einen anhaltenden Erfolg zu erzielen. Mit dieser Methode gelingt es immerhin 60 bis 70 Prozent der Betroffenen, das Problem in den Griff zu bekommen.

Grundübung für das Beckenbodentraining

Die Übung sollte insgesamt fünf bis zehn Minuten dauern. Legen Sie sich flach auf den Rücken, beugen Sie die Knie und stellen Sie die Füße so auf den Boden auf, dass sie eine Linie mit Ihren Hüften bilden. Atmen Sie mehrere Male tief ein und aus. Beim nächsten Ausatmen schieben Sie das Schambein in Richtung Nabel und spannen die Gesäßmuskeln etwas an. Schließen Sie nun nacheinander den After, die Scheide und die Harnröhre. Achten Sie darauf, gleichmäßig ein- und auszuatmen, während Sie die Spannung für einige Sekunden halten. Nun lockern Sie beim nächsten Ausatmen zuerst die Harnröhre, dann die Scheide und zuletzt den After. Entspannen Sie die Gesäßmuskeln und atmen Sie einige Male ein und aus. Wiederholen Sie dann die Übung einige Male.

Die häufigste Ursache von Harninkontinenz bei Männern ist die Vergrößerung der Prostata (siehe Seite 65ff.).

Problematisch ist bei jeder Form von unwillkürlichem Harnabgang die Einnahme von entwässernden Medikamenten, die besonders bei älteren Menschen häufig eingesetzt werden, etwa zur Behandlung eines hohen Blutdrucks, einer Herzschwäche, einer Nierenschwäche, aber auch zum Ausschwemmen von Flüssigkeitseinlagerungen in den Beinen, die durch Venenerkrankungen bedingt sind.

Suchen Sie ein offenes Gespräch mit Ihrem Hausarzt über Ihre Probleme – vielleicht ist es möglich, anstelle des harntreibenden Arzneimittels eine andere Substanz zu finden, die eine ähnlich gute Wirkung hat, ohne eine bestehende Neigung zur Harninkontinenz zu verstärken.

Auch Beruhigungs- und Schlafmittel können – selbst wenn es sich um natürliche Wirkstoffe handelt – die Muskulatur des Beckenbodens weiter entspannen, sodass auch hier einiges »danebengehen« kann. Sie sollten Ihren Hausarzt fragen, ob Sie auf diese Mittel auch verzichten können.

Lässt sich eine Harninkontinenz mit so einfachen Mitteln wie Beckenbodentraining oder Planung des Toilettenbesuchs und Einschränkung inkontinenzfördernder Medikamente nicht ausreichend behandeln, so gibt es sowohl für Frauen als auch für Männer Vorrichtungen, die den abgehenden Urin auffangen und in einen Beutel ableiten, der unauffällig unter der Kleidung getragen wird. Dennoch ziehen es die meisten Betroffenen vor, aufsaugende Vorlagen zu benutzen, die die meist kleinen Urinmengen sicher, unsichtbar und ohne Geruchsbelästigung auffangen. In all diesen Fällen ist eine sorgfältige Hautpflege mit regelmäßigem, aber schonendem Reinigen und anschließendem Einfetten der Haut sehr wichtig.

Die vergrößerte Prostata

Obwohl recht uncharmant als »Altmännerkrankheit« bezeichnet, beginnt die Prostata sich bereits zwischen dem 40. und 50. Lebensjahr zu vergrößern. Zu Beschwerden führt dieser langsam fortschreitende Prozess, der in der Fachsprache benigne Prostatahyperplasie (BPH) genannt wird, jedoch – wenn überhaupt – erst viel später.

Die Prostata (Vorsteherdrüse) ist beim jungen Mann etwa so groß wie eine Kastanie und wiegt 15 bis 20 Gramm. Sie liegt direkt unterhalb der Blase und oberhalb der Beckenbodenmuskulatur und umschließt die Harnröhre auf einer Länge von zweieinhalb Zentimetern. Sie gibt ein Sekret ab, das sich beim Samenerguss den Spermien beimischt und deren Beweglichkeit steigert.

Als Ursache für das Wachstum der Prostata in mittleren Jahren vermutet man ein zunehmendes Ungleichgewicht zwischen verschiedenen Hormonen, wodurch die Vermehrung bestimmter Zellen in der Prostata angeregt wird. Dabei drückt die größer werdende Drüse die durch sie hindurch verlaufende Harnröhre mehr und mehr zusammen, sodass bei Harndrang die Blasenentleerung verzögert beginnt und der Harnstrahl schwächer wird. Weitere typische Symptome im Anfangsstadium der BPH sind häufiger Harndrang und nächtliches Wasserlassen.

Auch wenn die Muskulatur der Blase sich dem Hindernis, das ihrer Entleerung entgegensteht, zunächst anpasst, indem der Blasenmuskel kräftiger wird, kommt es nach gewisser Zeit häufig dazu, dass auch die kräftigste Blase den Widerstand durch die vergrößerte Prostata nicht mehr zu überwinden vermag. So bleibt bei jeder Blasenentleerung ein wenig Harn in der Blase zurück, was wiederum einen fruchtbaren Boden für eine Harnwegsinfektion darstellt. Verschlimmert sich die Lage weiter und gelingt es der Blase gar nicht mehr, den Widerstand der Prostata zu überwinden, so kommt es zu einer so genannten Überlaufblase, wobei der Urin dann unkontrolliert abgeht, wenn die Blase sehr stark – also bis zum Überlaufen – gefüllt ist. Nun kann sich der Harn sogar bis zur Niere zurückstauen und sie schädigen.

Allerdings sind solche Spätstadien heute glücklicherweise selten geworden, denn man kann schon früh etwas gegen die unangenehmen Symptome unternehmen, indem man sie zum Beispiel zunächst mit pflanzlichen Mitteln lindert. Darüber hinaus lässt sich die Prostatavergrößerung durch stärkere, aber auch mit einigen Nebenwirkungen behaftete chemische Wirkstoffe bremsen. Bei zunehmenden Problemen ist meist eine operative Entfernung der vergrößerten Prostata angeraten: Dies geschieht in der Regel über die Harnröhre; nur bei einer sehr großen Prostata erfolgt der Eingriff über die eröffnete Bauchhöhle.

Die größte Angst, die viele Männer vor einer Prostataentfernung über die Harnröhre zurückschrecken lässt, ist die Gefahr einer anschließenden Inkontinenz und der Impotenz. Allerdings ist diese Gefahr sehr gering, wenn ein erfahrener Operateur am Werk ist, der diese Operation häufig und routinemäßig durchführt. Bei der Entwicklung einer Impotenz spielen vor allem psychologische Faktoren eine Rolle: So empfinden sich viele Männer allein schon deswegen als impotent, weil sie keinen richtigen Samenerguss mehr haben, da dieser nach der Operation nach rückwärts in die Blase verläuft. Wer sich auf diese Veränderung bereits vor dem Eingriff einstellt, wird nachher so gut wie keine Veränderung seiner sexuellen Fähigkeiten feststellen.

Aber nicht jede Prostatavergrößerung muss zu unangenehmen oder gar gefährlichen Symptomen führen, und keine dieser Veränderungen verläuft wie die andere. So müssen einmal eingetretene leichte Beschwerden – etwa ein abgeschwächter Harnstrahl – keinesfalls in eine Überlaufblase und Nierenfunktionsstörung übergehen. In einigen Fällen werden die Beschwerden auch ganz von selbst wieder besser. Daher ist es wichtig, die Veränderungen mit Geduld und Wohlwollen zu beobachten, bevor man sich zu früh und vielleicht völlig überflüssig zu einer Operation entschließt. Andererseits sollte man den richtigen Zeitpunkt zur Operation auch nicht verpassen, um nicht ein chronisches Prostataleiden zu entwickeln.

Leider ist es bisher noch nicht gelungen, die genaue Ursache beziehungsweise wesentliche Risikofaktoren für die Ausbildung einer Prostatavergrößerung zu finden. Damit gehört die vergrößerte Prostata zu den wenigen Veränderungen im Alter, denen man bisher nicht vorbeugen kann. Dennoch lässt es sich mit einer solchen Veränderung sehr gut leben, wenn man sie akzeptiert und nicht als schreckliche Krankheit empfindet – und wenn man den durch sie verursachten Symptomen aktiv und mit angemessenen therapeutischen Mitteln begegnet.

Während die »normale« Prostatavergrößerung eine ausgesprochen gutartige Veränderung ist, kann sich in einer vergrößerten Prostata auch einmal ein bösartiger Tumor verbergen. Tatsächlich ist das Prostatakarzinom die häufigste Krebserkrankung beim älteren Mann; allerdings wächst dieser Tumor – besonders im höheren Alter – so langsam, dass zwei Drittel aller Betroffenen wohl *mit*, aber nicht *an* ihrem Prostatakarzinom sterben. Sowohl die Diagnostik als auch die Behandlung hängen dabei stark vom Alter des Betroffenen ab. So ist es sinnvoll, die Vorsorgeuntersuchung, die ab dem 45. Lebensjahr allen Männern zusteht, regelmäßig zu nutzen – während es aber nur wenig Sinn macht, bei einem älteren Herrn über 85 Jahre mit aller Macht nach einem möglichen Prostatakarzinom zu suchen. Auch durch die – in letzter Zeit viel zu häufig durchgeführte – Messung des prostata-spezifischen Antigens sollte man sich nicht in Panik versetzen (lassen), da dieser Wert oft ohne Grund erhöht sein kann: Tatsächlich findet sich bei zwei Dritteln der Männer mit erhöhtem Wert kein Prostatakarzinom. Umgekehrt ist der Spiegel dieses Messwertes bei vielen Patienten mit Prostatakarzinom normal.

Behandelt wird das Prostatakarzinom individuell, und zwar abhängig vom Alter, der vermuteten Lebenserwartung und dem Wachstumsverhalten des Prostatakrebses, das man unter anderem durch feingewebliche Untersuchungen einschätzen kann. Je jünger der Patient, also je höher seine Lebenserwartung und je bösartiger der Krebs, desto radikaler wird man vorgehen – wobei man die befallene Prostata sowie die benachbarten Lymphknoten operativ entfernt und eventuell eine Hormonbehandlung oder Kastration anschließt. Wenn man den Tumor vollständig entfernen konnte, liegen die Heilungsaussichten bei ausgesprochen günstigen 90 Prozent.

Je älter aber der Patient, je geringer seine Lebenserwartung und je weniger bösartig der Tumor, desto eher kann man sich abwartend verhalten, um den »schlafenden« Tumor nicht erst durch zahlreiche diagnostische und therapeutische Eingriffe zu wecken. Vermutlich lässt sich dadurch der Prozentsatz der älteren Männer, die mit ihrem Prostatakrebs sterben, aber nicht durch ihn, noch weit über zwei Drittel erhöhen.

Verdauungssystem

Auch im Verdauungssystem treten mit zunehmendem Alter zahlreiche Veränderungen auf, wobei der Verlust der Zähne und die Neigung zu Darmträgheit und Verstopfung im Vordergrund stehen. Ferner nimmt die Speichelproduktion sowie auch die Bildung von verschiedenen Verdauungssäften ab. Den meisten dieser Veränderungen kann man jedoch bereits in jungen Jahren vorbeugen, oder man kann sie, wenn sie im höheren Alter dennoch eingetreten sind, mit einfachen Mitteln behandeln.

Der trockene Mund

Die Produktion von Speichel lässt mit zunehmendem Alter etwas nach, was sich nicht unbedingt als Krankheitszeichen bemerkbar macht. Allerdings tritt diese Veränderung meist dann in Erscheinung, wenn man gleichzeitig Medikamente einnimmt, die die Speichelbildung zusätzlich beeinträchtigen (siehe Tabelle unten). Dann kann der Mund sehr trocken werden, was die meisten Menschen als höchst unangenehm empfinden – in schweren Fällen kann es sogar zu Schluckbeschwerden und Sprachstörungen kommen.

Man sollte daher versuchen, diese Medikamente so weit wie möglich zu reduzieren oder sogar ganz wegzulassen – allerdings kann das nur der behandelnde Arzt entscheiden. Sie dürfen niemals ein Medikament nach Gutdünken absetzen, denn es könnte Ihrer Gesundheit großen Schaden zufügen.

Medikamente, die zu Mundtrockenheit führen

	Präparate (Beispiele)	Einsatzgebiete
Antihistaminika	Fenistil®, Halbmond®	Allergien, Reisekrankheit, leichte Schlafstörungen
Antidepressiva	Saroten®	Depressionen, Angsterkrankungen, starke Schmerzen
Spasmolytika	Buscopan®	krampfartige Schmerzen an Magen und Darm, Gallenkoliken und Koliken der Harnwege
Biperiden	Akineton®	Parkinson-Krankheit, Nebenwirkungen von Psychopharmaka
Oxybutynine (gehören auch zu den Spasmolytika)	Dridase®	unwillkürlicher Harnabgang

Sicherlich kann sich die verminderte Speichelproduktion auch einmal in Form eines trockenen Mundes bemerkbar machen, ohne dass also die Einnahme von Medikamenten daran schuld ist. Dies ist zumeist eine Folge der geringeren Trinkmenge im Alter. Helfen können Sie sich also selbst, indem Sie mehr Flüssigkeit zu sich nehmen – insbesondere Mineralwasser, in das Sie einige Tropfen frischen Zitronensaft geben, denn Säure stimuliert die Speichelproduktion. Außerdem hilft es, gelegentlich saure, ungezuckerte Bonbons zu lutschen oder einen zuckerfreien Kaugummi zu kauen. Letzteres empfiehlt sich allerdings weniger, wenn Sie künstlichen Zahnersatz oder ein Gebiss tragen.

Zähne und Zahnersatz

Viele Menschen betrachten ihre Zähne offenbar als etwas Gottgegebenes, um das sie sich nicht zu kümmern brauchen. Anders jedenfalls lässt sich manchmal nicht erklären, warum die meisten ihr natürliches Gebiss so vernachlässigen. Im Klartext: Sie pflegen es mangelhaft oder gar nicht. Dabei wird seit Jahrzehnten schon den Kindergartenkindern beigebracht, wie wichtig die regelmäßige Pflege der Zähne ist und dass sie dazu beiträgt, die Zähne so lange wie möglich zu erhalten. Die »Dritten« sind von der Natur deshalb nicht vorgesehen, weil die »Zweiten« gut und gern ein ganzes langes Leben halten können.

Natürlich spielen auch erbliche Faktoren eine Rolle, am wichtigsten ist und bleibt es jedoch, Krankheiten wie Karies oder Parodontose – die Hauptursachen für vorzeitigen Zahnverlust – durch stetige und sorgfältige Pflege zu vermeiden.

Sie sollten Ihre Zähne von Anfang an als einzigartige Freunde betrachten, deren Ersatz – auch trotz modernster Zahntechnik – lange nicht so gut ist wie das Original. Wenn Sie sich vorstellen, dass Sie jedes Mal, wenn Sie Ihre Zähne putzen, auch sich selbst einen Gefallen und dies mit Freude tun, dann wird es Ihnen auch gelingen, das Zähneputzen nicht immer wieder zu »vergessen« oder andere Gründe vorzuschieben, warum das Zähneputzen wieder einmal ausfallen musste. Auch wenn es sich im ersten Moment befremdlich anhört – versuchen Sie einmal, Ihre Zähne wie gute alte Freunde zu behandeln.

Karies

Schuld an der Volkskrankheit Karies (Zahnfäule) sind die unzähligen Bakterien im Zahnbelag: Sie ernähren sich vom Zucker der Nahrungsmittel und bilden beim Abbau dieses Zuckers eine leichte Säure, die wiederum den Zahnschmelz angreift. Dabei entstehen zunächst unbemerkt kleine poröse Stellen im Zahnschmelz, die sich jedoch nach und nach zu tiefen Löchern auswachsen, wenn man nichts dagegen unternimmt. Schließlich müssen die Löcher »gebohrt« werden, das heißt, der Zahnarzt entfernt Teile des kariösen Zahnes oder muss schlimmstenfalls den ganzen Zahn ziehen.

Dabei vermögen zwei Maßnahmen, den Zahnbelag und damit die darin lebenden Bakterien deutlich zu minimieren: Erstens ist es sinnvoll, weniger Zucker zu essen, und zweitens lohnt es sich, die für die Bakterien so nahrhaften Essensreste nach jeder Mahlzeit durch Zähneputzen zu entfernen und damit auch gleichzeitig eine große Menge an Bakterien zu vernichten. Die Zähne morgens nach dem Aufstehen zu putzen, ist dagegen denkbar sinnlos, denn nach der abendlichen Zahnpflege hatten die Bakterien nur wenig Möglichkeiten, sich während der nächtlichen »Fastenzeit« zu vermehren.

Es ist viel effektiver, die Reste des meist kohlenhydrathaltigen Frühstücks *nach* der ersten Mahlzeit am Morgen durch Zähneputzen zu entfernen. Das Gleiche gilt für das Mittagessen und auch für jeden Schokoriegel zwischendurch, der zwar dem Menschen, aber auch seinen ungebetenen Gästen im Mund verlorene Energie zurückbringt. Wer keine Möglichkeit hat, sich die Zähne auch am Tage mehrmals zu putzen, sollte wenigstens als Zwischenmahlzeit auf Süßigkeiten verzichten. Am wichtigsten ist es jedoch, die Zähne am Abend nach dem Abendessen ausgiebig zu putzen: Sonst feiern die Bakterien im Zahnbelag, während der Mensch tief schläft, mit den Resten des Abendessens ausschweifende Feste.

Neben dieser wichtigsten Maßnahme gibt es noch einige Tricks, um kleine Defekte im Zahnschmelz wieder auszubessern, bevor sie sich zu großen, schmerzhaften und die Existenz des Zahns bedrohenden Löchern ausweiten. Zunächst einmal empfiehlt es sich, einmal pro Woche eine Zahncreme anzuwenden, die eine relativ große Menge an Fluoriden enthält, die genau diese Reparatur am Zahnschmelz vornehmen können; öfter sollte man solche Mittel aber nicht benutzen, weil es dann zu Verfärbungen an den Zähnen kommen kann. Und schließlich lohnt es sich weiterhin, regelmäßig zum Zahnarzt zu gehen, um einen trotz guter Zahnpflege entstandenen Zahnstein zu entfernen und kleine Löcher früh behandeln zu lassen.

Und noch etwas: Genauso, wie Sie Ihren Körper durch sportliche Betätigung kräftig und jung halten, können Sie auch Ihre Zähne und die sie haltenden Kieferknochen trainieren – kauen Sie einfach kräftig. Essen Sie ab und zu wieder etwas, das Ihren Zähnen Arbeit gibt, statt sie ständig mit weichen Kuchen, auf der Zunge zergehenden Schokoladestückchen und weich gekochten Speisen zu langweilen. Essen Sie nichts, was Ihnen keine Freude macht oder Ihnen nicht schmeckt, aber probieren Sie ab und zu einmal einen knackigen Salat, frisches Rohkostgemüse oder ein herzhaftes Vollkornbrot. Genießen Sie dabei nicht nur den Geschmack, sondern beobachten Sie auch, wie viel Spaß das Kauen Ihren Zähnen macht.

Parodontose

Der richtigere Name für diese zweite Volkskrankheit der Zähne beziehungsweise des Zahnbettes ist Parodontitis, da es sich um eine chronische Entzündung des die Zähne umgebenden Zahnfleisches handelt (die Endung »-itis« weist in der Medizin immer auf eine Entzündung hin). Diese Entzündung wird ebenfalls durch Bakterien verursacht, die im Zahnbelag enthalten sind.

Die Zahnfleischentzündung äußert sich zunächst durch Zahn-fleischbluten, das bereits durch geringe Reize ausgelöst wird, wie zum Beispiel den häufig zitierten Biss in den Apfel oder in eine Scheibe Brot. Außerdem kann das Zahnfleisch stark anschwellen und heftige Schmerzen verursachen. Die gefährlichste Folge der unbehandelten Parodontitis ist jedoch der Schwund des Zahnfleischs, sodass die Zähne einerseits immer länger und die frei liegenden Zahnhälsen immer schmerzempfindlicher werden, andererseits sich die Zähne mehr und mehr lockern und schließlich ausfallen können.

Auch die Parodontitiserreger leben im und vom Zahnbelag und lieben es, mit Zucker verwöhnt zu werden. Deshalb gilt – neben einer regelmäßigen Behandlung und Überwachung der Parodontitis durch den Zahnarzt – auch hier: Die wichtigste Vorbeuge- und Behandlungsmaßnahme ist die regelmäßige Zahnpflege, am besten nach jeder Mahlzeit und auch nach jedem Imbiss.

Wie putzt man die Zähne richtig?

Zunächst einmal sollte man sich dafür ein wenig Zeit nehmen, denn eine achtlos und in Windeseile über die Zähne hinweghuschende Zahnbürste ist keine große Hilfe. Dabei kommt es auch weniger auf die Hilfsmittel an als auf die richtige Technik.

Die **Zahnbürste** sollte handlich sein und keinen zu großen Kopf haben, damit sie jede Stelle des Gebisses erreichen kann. In der Regel reicht eine ganz normale Zahnbürste aus, jedoch profitieren besonders ältere Menschen von einer elektrischen Zahnbürste, die automatisch die Bewegungen ausführt, die sonst die Hand vollführen muss.

Man sollte die Zahnbürste beim Zahnfleisch beginnend, das so sanft massiert wird, in kleinen kreisenden Bewegungen in Richtung Zähne führen. Die Richtung geht also von rot nach weiß, die Bewegung erfolgt kreisend mit leichtem Druck. Dabei sollte man jeden Zahn – und zwar Vorder- und Rückfläche der Zähne getrennt gerechnet – mindestens drei Sekunden auf diese Weise bearbeiten. Wichtig ist, dass man keine Stelle auslässt, was häufig in den Bereichen passiert, in denen man die Zahnbürste umdreht. Auch die Kauflächen der Backenzähne sollten gereinigt werden, allerdings muss dies nicht so lange dauern.

Welche **Zahncreme** man benutzt, ist weitgehend unwichtig. Denn es kommt vor allem darauf an, dass Speisereste und bakterielle Plaque entfernt werden. Allerdings sollte eine Zahncreme heute grundsätzlich Fluor enthalten, was bei den meisten Marken ohnehin der Fall ist. Einmal pro Woche empfiehlt sich, wie bereits erwöhnt, ein Zahngel, das eine relativ hohe Menge Fluor enthält, um mögliche Schäden am Zahnschmelz wieder auszugleichen.

Doch mit dem Bürsten ist es allein noch nicht getan. Die engen Räume zwischen den Zähnen bieten nämlich dem Zahnbelag eine willkommene Nische, in der er unbehelligt überleben und zahllosen Bakterien Unterschlupf bieten kann. Hier schafft die regelmäßige Anwendung von **Zahnseide** Abhilfe, mit der man den Belag zwischen den Zähnen sicher entfernen kann.

Wenn sich bereits, zum Beispiel aufgrund einer chronischen Parodontitis, weite Zwischenräume zwischen den Zähnen gebildet haben, stehen spezielle kleine **Interdentalbürstchen** für deren Reinigung zur Verfügung. Ob hingegen die regelmäßige Anwendung von desinfizierenden Mundspülungen sinnvoll ist, sei dahingestellt. Auf keinen Fall können diese Mittel die Zahnhygiene ersetzen, erreichen sie doch nur die Oberfläche des Zahnbelages.

Doch auch wenn die zweiten Zähne als so genanntes Dauergebiss angelegt sind, halten sie nicht immer, was ihr Name verspricht: Und so müssen sie vielleicht eines Tages durch die »Dritten« ersetzt werden. Wenn noch einige Zähne der zweiten Garnitur vorhanden sind, können künstliche Zähne oder ein Teilgebiss an ihnen verankert werden. Erst wenn kein eigener Zahn mehr vorhanden ist, muss man auf eine Vollprothese zurückgreifen.

74

Diese Prothese muss sorgfältig an den Kiefer angepasst werden, damit sie sicher sitzt und gut zu gebrauchen ist. Bis es so weit ist, kann es den Betroffenen einige Geduld und häufige Besuche beim Zahnarzt kosten. Belohnt wird er dafür mit einem funktionierenden Gebiss. Dieses muss allerdings im Laufe der Zeit immer wieder neu angepasst werden, denn der Kiefer verändert sich, und insbesondere größere Gewichtsschwankungen des Patienten wirken sich auch auf den Kiefer aus. Wer die regelmäßigen Kontrollen und Anpassungen nicht scheut, für den können die dritten Zähne zu einem echten Ersatz werden und nicht zum ständigen Anlass für Verdruss. Ideal ist es, wenn der Prothesenträger mit seinen dritten Zähnen auch festere Kost gut beißen und kauen kann, denn dies kräftigt die Kieferknochen und schützt sie vor weiterer Rückbildung. Übrigens müssen auch die dritten Zähne möglichst nach allen Mahlzeiten sorgfältig mit einer Zahnbürste geputzt werden – denn das nächtliche Lagern in einer desinfizierenden Lösung reicht hierzu keinesfalls aus.

Wem beim Gedanken an eine Zahnprothese die Haare zu Berge stehen, der kann heute auf andere Verfahren zurückgreifen. So lassen sich künstliche Zähne fest in den Ober- und Unterkiefer einpflanzen, die, nach einer mehr oder weniger langen Heilungsphase, genauso gut funktionieren wie das frühere natürliche Gebiss. Allerdings ist diese Behandlung in der Regel nicht ganz einfach, mit einigen Schmerzen und Entbehrungen, viel Zeit und Geduld verbunden: Denn ein Kieferknochen, aus dem ein Zahn nach dem anderen langsam ausgefallen ist beziehungsweise entfernt wurde, hat sich meist so stark zurückgebildet, dass darin keine künstlichen Zähne verankert werden können. Deshalb muss der Kiefer erst mit Knochenspänen, die man zum Beispiel aus dem Beckenknochen entnimmt, langsam wieder aufgebaut werden, bevor er sich als Halterung für Zahnimplantate eignet. Wer diese Tortur jedoch überstanden hat, ist über sein neues Gebiss meist hoch erfreut.

Sodbrennen und »Altersgastritis«

Die Muskelkraft der Speiseröhre, die die Nahrung aktiv in den Magen befördert, lässt im Alter leider auch bei den Menschen nach, die diesen Muskel durch (zu) viel Essen ein Leben lang trainiert haben. Normalerweise bereitet dies keine Schwierigkeiten, da man das Essen ohnehin im Sitzen einnimmt und es dann (zusätzlich zum muskulären Transport) den Gesetzen der Schwerkraft folgend im Magen ankommt. Wichtig ist diese Veränderung aber für die Menschen, die Medikamente einnehmen müssen, und das sind mit zunehmendem Alter oft nicht wenige. Einige Medikamente können nämlich, wenn sie in der Speiseröhre liegen bleiben, dort heftige Entzündungen und sogar Geschwüre hervorrufen. Deshalb sollten ältere Menschen Medikamente immer im Sitzen (oder Stehen) einnehmen und mit viel Flüssigkeit (mindestens einem Glas Wasser oder einer Tasse Tee) hinunterspülen.

Auch der Schließmuskel, der den Magen von der Speiseröhre trennt, wird mit den Jahren etwas schlaffer, sodass etwas saurer Magensaft in die Speiseröhre zurückfließen kann. Dasselbe geschieht, wenn die Lücke im Zwerchfell, durch die die Speiseröhre am Übergang zum Magen hindurchtritt, aufgrund der nachlassenden Spannung in diesem Muskel größer wird (die so genannte Hiatushernie). Auch dann fällt eine Barriere weg, die das Zurückfließen von Magensaft in die Speiseröhre normalerweise verhindert. Der saure Magensaft ruft hier ein unangenehmes Sodbrennen hervor, das bei längerem Bestehen die Speiseröhre stark schädigen und sogar zu Speiseröhrenkrebs führen kann.

Auch wenn sich diese altersbedingten anatomischen Veränderungen nicht so einfach beheben lassen, gibt es einfache Selbsthilfemittel und gut wirksame Medikamente, um dem Rückfluss von Magensäure in die Speiseröhre Einhalt zu gebieten.

Selbsthilfe gegen Sodbrennen

- Nehmen Sie lieber mehrere kleine als drei große Mahlzeiten zu sich.
- Verzichten Sie auf fette, stark gewürzte und saure Speisen.
- Genießen Sie Alkohol nur in kleinen Mengen und verzichten Sie auf hochprozentige Getränke.
- Schränken Sie Ihren Kaffeegenuss ein.
- Legen Sie sich nicht gleich nach dem Essen zu einem »Verdauungsschläfchen« hin.
- Schlafen Sie nachts mit leicht erhöhtem Oberkörper.

Veränderungen der Magenschleimhaut und eine geringere Beweglichkeit der Muskulatur rufen in der Regel – wie so viele andere Veränderungen von Organfunktionen im Alter – keine Beschwerden hervor. Allerdings machen sie sich bei Überbeanspruchung des Magens, zum Beispiel durch zu üppige Mahlzeiten, bemerkbar. Auch viele Medikamente können den Magen weiter schädigen und sogar ein Magengeschwür hervorrufen; hier stehen bestimmte Schmerzmittel, die so genannten Antirheumatika, an erster Stelle.

Verstopfung

Verstopfung ist eine weit verbreitete Funktionsstörung des Verdauungstraktes, die mit zunehmendem Alter immer häufiger wird: Nahezu jeder Dritte über 60 leidet darunter. Ebenfalls recht hoch dürfte die Zahl der Menschen sein, die lediglich meinen, an einer Verstopfung zu leiden und sich durch einen völlig überflüssigen Gebrauch von Abführmitteln erst selbst in diese missliche Lage bringen. Denn die regelmäßige Einnahme von Abführmitteln führt automatisch zu einer Darmträgheit, die dann wiederum nur durch neue Abführmittel überwunden werden kann – es sei denn, man unterbricht diesen Teufelskreis.

Es ist ein verbreiteter Irrglaube, man müsse jeden Tag »müssen«. Vielmehr bewegt sich alles zwischen dreimal pro Tag bis drei- oder nur zweimal pro Woche im Bereich des Normalen.

Auch viele Medikamente, die besonders im Alter häufig eingenommen werden müssen, fördern Darmträgheit und Verstopfung. Dazu gehören einige säurehemmende Magenmittel (Antazida), Antidepressiva, starke Schmerzmittel (Kodein und Opiate), Parkinsonmittel und viele andere mehr.

Beim älteren Menschen tragen außerdem bestimmte normale Veränderungen zur Entstehung einer chronischen Verstopfung bei: Die Beweglichkeit des Darmes nimmt ab, ebenso gibt es Verschiebungen in der Zusammensetzung der Darmflora, und schließlich lässt die Sensibilität dafür nach, wann es Zeit ist, den Darm zu entleeren.

Darüber hinaus bewegen sich ältere Menschen weniger, nehmen häufig nicht genügend Flüssigkeit zu sich und verzehren – oft auch aufgrund von Zahn- beziehungsweise Zahnfleischerkrankungen oder schlecht sitzender Zahnprothesen – zu wenig faserreiche Nahrungsmittel. Ältere Menschen leiden auch öfter als junge an Krankheiten, die aufgrund nervlicher Veränderungen die normale Darmtätigkeit beeinträchtigen – dazu gehört vor allem die Zuckerkrankheit, aber auch die Parkinson-Krankheit. Nicht selten neigt der Darm im Alter auch aufgrund einer Schilddrüsenunterfunktion zur Trägheit.

Dennoch findet sich bei den meisten älteren Menschen, die wegen einer Verstopfung den Arzt aufsuchen, keine solche krankhafte Ursache. Vermutlich sind in diesen Fällen nur die normalen Veränderungen der Darmfunktion im Alter die Auslöser, oder die vermeintliche beziehungsweise leichte Darmträgheit ist durch dauerhafte Anwendung von Abführmitteln bereits zu einer schweren Verstopfung ausgeufert.

Anders als bei der Darmträgheit, die sich lediglich in seltenem Stuhlgang äußert, gehört zur Definition von Verstopfung auch ein harter Stuhl, der nur durch anstrengendes Pressen entleert werden kann. Dieses Phänomen wiederum kann man vielfach durch Umstellung der Ernährungsgewohnheiten, ausreichende Flüssigkeitszufuhr und mehr Bewegung aus der Welt schaffen. Abführmittel sind nur in ganz wenigen Fällen wirklich unverzichtbar, zum Beispiel wenn ein Patient durch einen schweren Schlaganfall oder eine andere Erkrankung dauerhaft an sein Bett gefesselt ist oder wenn er unbedingt Medikamente einnehmen muss, die zu Verstopfung führen, wie zum Beispiel Opiate.

Am günstigsten ist es natürlich, wenn man bereits seit jungen Jahren eine gesunde, vielseitige und ballaststoffreiche Ernährung genießt, viel trinkt und regelmäßig Sport treibt. Doch auch im höheren Alter kann man noch einmal »das Ruder herumreißen« und seine Gewohnheiten dahingehend ändern, dass sich Beschwerden der Darmträgheit, aber gleichzeitig auch viele andere bessern.

Bereits eine vermehrte Zufuhr von ballaststoffreichen Lebensmitteln kann eine Besserung bewirken. Je mehr unverdauliche Fasern in den Darm gelangen, desto mehr Flüssigkeit binden diese Fasern im Stuhl und desto weicher und voluminöser wird er. Das regt einerseits die Darmbewegung an und führt andererseits zu einer erleichterten Stuhlentleerung.

Wichtig ist, dass Sie nur die faserreichen Nahrungsmittel zu sich nehmen, deren Verzehr Ihnen keine Probleme bereitet. Am besten probieren Sie Verschiedenes aus, wie zum Beispiel Vollkornprodukte, Salate, Obst und rohes Gemüse, bis Sie die Nahrungsmittel gefunden haben, die Ihnen schmecken, die Sie gut kauen können und die die gewünschte Wirkung zeigen. Besonders gut eignen sich auch frische und getrocknete Pflaumen, Feigen, Sauerkraut und Sauerkrautsaft.

Eine ballaststoffreiche Ernährung macht jedoch nur dann Sinn, wenn Sie gleichzeitig auch mehr trinken. Denn sonst können die vielen Fasern nicht genug Flüssigkeit aufnehmen und bewirken sogar das Gegenteil: Sie liegen in harten Knäueln im Verdauungstrakt und können schlimmstenfalls sogar einen Darmverschluss verursachen. Die richtige Trinkmenge zu finden ist oft gar nicht so einfach, insbesondere dann, wenn gleichzeitig eine Herzschwäche besteht oder die Funktion der Nieren eingeschränkt ist. Hier müssen Sie sich immer wieder mit Ihrem Hausarzt beraten und vorsichtig ausprobieren, wie viel Flüssigkeit Ihnen noch gut tut und welche Menge bereits zu viel ist.

Menschen ohne Herz- und Nierenprobleme können hingegen etwas forscher ihre Trinkmenge steigern. Stellen Sie immer ein Glas mit einem Getränk, das Sie gern mögen, in Ihre Nähe und spornen Sie sich ständig dazu an, etwas zu trinken. Disziplin reicht allein jedoch nicht aus: Motivieren Sie sich zu einer größeren Trinkmenge, indem Sie sich ausmalen, dass Ihnen und Ihrem Körper das Trinken gut tut, dass durch die Flüssigkeit die Durchblutung und damit die Vitalität des ganzen Körpers zunimmt und sogar kleine Fältchen durch die Feuchtigkeit von innen geglättet werden. Trinken Sie zudem jeden Morgen auf nüchternen Magen ein Glas kaltes Wasser oder Fruchtsaft. Dies löst über einen Reflex eine stärkere Darmbewegung und dadurch letztlich die Stuhlentleerung aus.

Nehmen Sie sich Zeit, die Toilette aufzusuchen, wann immer es notwendig ist. Schulen Sie auch Ihre Sensibilität dafür, wann eine Stuhlentleerung sich ankündigt. Bleiben Sie dabei aber locker und sehnen Sie diesen Moment nicht krampfhaft herbei, sonst erreichen Sie das Gegenteil. Stress und Anspannung hemmen nämlich eine natürliche Darmentleerung.

Manchmal hilft es auch, wenn Sie sich vornehmen, jeden Morgen etwa um die gleiche Zeit die Toilette aufzusuchen, damit sich der Körper an diesen Termin gewöhnt. Allerdings sollten Sie diese »Vereinbarung« ebenfalls locker angehen und nicht zum Zwang machen – insbesondere dann, wenn es einmal nicht klappen will.

Nehmen Sie sich jeden Morgen einige Minuten Zeit, um Ihren Darm zu massieren. Legen Sie dabei Ihre Hände übereinander (es geht auch mit einer Hand) und streichen Sie langsam von der rechten Leiste über die rechte Bauchseite nach oben, fahren über den Oberbauch weiter von rechts nach links und streichen mit den Händen dann über die linke Bauchseite und die linke Leistengegend nach unten in Richtung Unterbauch. Verknüpfen Sie diese Bewegung eventuell mit dem Ausatmen und pausieren Sie beim Einatmen.

Vor allem aber: Bewegen Sie sich mehr! Dazu müssen Sie nicht zu der Sportskanone mutieren, die Sie ohnehin nie waren. Ebenso, wie ein kleiner Salat als Beilage bereits der erste Schritt zu einer gesünderen Ernährung ist, genügt bereits wenig Bewegung, um dem Darm, dem Kreislauf und dem ganzen Körper etwas Gutes zu tun. So ist ein regelmäßiger Spaziergang täglich (auch bei schlechtem Wetter!) hilfreich; am hilfreichsten erweist es sich jedoch, wenn Sie Ihre Bauchmuskeln und Ihre Beckenbodenmuskulatur (siehe Seite 64) mit einigen wenigen Übungen täglich kräftigen. Das trägt nicht nur zu einer besseren Darmfunktion bei, sondern hilft auch bei Rückenproblemen und der Neigung zu unwillkürlichem Urinabgang.

Übungen zur Stärkung der Bauchmuskeln:
Für kräftige und trainiertere Menschen:

Legen Sie sich auf den Rücken, winkeln Sie die Knie an und stellen Sie die Füße (wahlweise auch nur die Fersen) fest auf den Boden. Legen Sie nun Ihren Kopf in die gefalteten Hände und winkeln Sie die Ellbogen zur Seite ab. Drücken Sie Ihre Lendenwirbelsäule fest gegen den Boden, spannen Sie Bauch- und Gesäßmuskeln an und heben Sie den Kopf und den oberen Teil des Oberkörpers nun mit der Kraft Ihrer Bauchmuskeln vom Boden ab. Die Arme bleiben in der ursprünglichen Position und beteiligen sich nicht aktiv an dieser Bewegung.

Aus dieser Lage ziehen Sie Kopf und Oberkörper mit der Kraft der Bauchmuskeln mit dem Ausatmen noch ein Stück

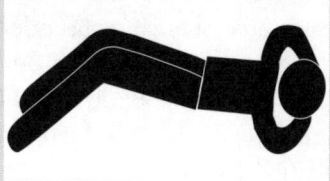 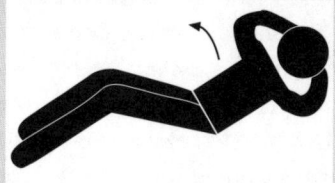

weiter nach oben und kehren beim Einatmen wieder in die vorherige Position zurück, legen Kopf und Oberkörper aber nicht mehr am Boden ab. Wiederholen Sie dieses Auf und Ab mehrere Male, bis Sie Ihre Bauchmuskeln gut spüren oder erschöpft sind. Damit kräftigen Sie die geraden Bauchmuskeln; für die schrägen eignet sich folgende Übung, die Sie anschließend durchführen können:

Sie liegen wieder auf dem Rücken, die Knie sind angewinkelt, und die Füße stehen fest auf dem Boden. Nun legen Sie das rechte Bein über das linke (wie beim – übrigens wenig gesunden – Überschlagen der Beine beim Sitzen) und heben beide Beine etwas vom Boden ab. Der Kopf ruht in den Händen, die Ellbogen sind zur Seite gestreckt. Nun ziehen Sie den schon leicht vom Boden abgehobenen Kopf und Oberkörper schräg zum rechten Bein hin, sodass der linke Ellbogen sich dem rechten Bein nähert. Diese Bewegung soll allein durch die Kraft der schrägen Bauchmuskeln zustande kommen, ohne dass sie durch den Arm unterstützt wird. Wiederholen Sie diese Bewegung, bis Sie leicht erschöpft sind oder Ihre Bauchmuskeln spüren. Danach wechseln Sie die Seiten, indem Sie das linke Bein über das rechte legen und mit der Kraft der Bauchmuskeln den zur Seite gestreckten rechten Ellbogen dem linken Bein annähern. Machen Sie auch hier mehrere Wiederholungen.

Für weniger sportliche Zeitgenossen:

Sie liegen auf dem Rücken, die Knie sind gebeugt, der Kopf ruht in den gefalteten Händen (Sie können die Arme auch neben dem Körper ablegen), und die Lendenwirbelsäule drückt in den Boden. Beginnen Sie nun, mit den Beinen Rad zu fahren, senken Sie die Beine dabei auch einmal nach rechts oder links, als müssten Sie eine Kurve nehmen. Legen Sie die Beine, wenn sie müde werden, zwischendurch einmal ab und ruhen Sie sich etwas aus. Wiederholen Sie die Übung dann, indem Sie nun rückwärts fahren und sich dabei ebenfalls in die

Kurven legen. Um die Wirkung auf die Bauchmuskeln zu verstärken, können sie wie in der obigen Übung für Trainierte den Kopf und den oberen Teil des Oberkörpers etwas anheben – aber nur mit der Kraft der Bauchmuskeln, nicht, indem Sie mit den Armen oder dem Kinn ziehen.

Für weitgehend Ungeübte:

Sie liegen auf dem Rücken, legen eventuell ein kleines Kissen in den Nacken und heben nun Ihre in den Knien abgewinkelten Beine an. Legen Sie Ihre Hände an die Oberschenkel kurz oberhalb der Kniegelenke. Dann drücken Sie einige Sekunden lang mit den Händen maximal gegen die Knie und erwidern den Druck mit den Beinen, die gegen die Hände drücken. Atmen Sie auch während der Anspannung ruhig weiter. Lassen Sie nach einigen Sekunden Anspannung die Arme und Beine wieder locker, stellen Sie die Beine ab und legen Sie die Arme dabei neben den Körper. Wiederholen Sie die Übung mehrmals, ruhen Sie sich zwischendurch immer wieder aus und schütteln Sie Arme und Beine gelegentlich.

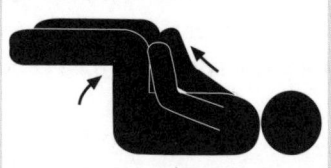 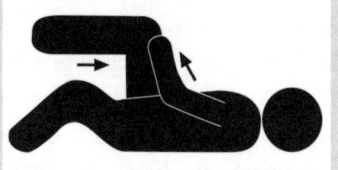

Um die schrägen Bauchmuskeln zu trainieren, wandeln Sie die Übung folgendermaßen ab: Sie liegen immer noch auf dem Rücken, die Knie sind angewinkelt, und die Füße stehen fest auf dem Boden. Heben Sie jetzt zum Beispiel nur das linke Bein vom Boden ab und legen Sie dann die rechte Hand seitlich unterhalb des Knies an den Oberschenkel. Drücken Sie mit der Hand schräg gegen das Bein, während das Bein mit ganzer Kraft gegen die Hand drückt. Halten Sie die Anspannung wieder für einige Sekunden, lassen Sie anschließend locker und wiederholen Sie die Übung mit dem rechten Bein und dem linken Arm. Vergessen Sie nicht, ruhig dabei zu atmen, sich zwischendurch immer wieder etwas auszuruhen und Arme und Beine auszuschütteln.

Wichtig: Führen Sie die Übungen jeweils fünf bis zehn Minuten lang durch – sie sollten Sie jedenfalls nicht zu stark erschöpfen. Sie können später Zeit und Schwierigkeitsgrad immer noch erhöhen. Üben Sie aber möglichst jeden Tag, zumindest jeden zweiten. Sie werden erstaunt sein, wie schnell Sie etwas Kraft in Ihren Bauchmuskeln aufbauen können und wie positiv sich dies auf viele Bereiche Ihrer Gesundheit und nicht zuletzt auf Ihre Figur auswirkt.

Divertikulose und Divertikulitis

Gerade aufgrund der in unserer Zivilisationsgesellschaft häufigen Neigung zur Verstopfung treten mit zunehmendem Alter immer öfter krankhafte Veränderungen am Verdauungstrakt auf. Nicht nur die lästige Verstopfung selbst, sondern auch deren Folgen können Sie jedoch weitgehend vermeiden, wenn Sie Ihrem Darm viel Bewegung und gesunde Ernährung gönnen und ihn Ihr Leben lang pfleglich behandeln.

Aufgrund der bereits angesprochenen bewegungsarmen Lebensweise und einer zu fetten und zu faserarmen Ernährung bilden sich bei sehr vielen Menschen mit den Jahren immer häufiger Divertikel am Dickdarm aus: Hinter dem Fachbegriff verbergen sich kleine Ausstülpungen der Darmwand, die vor allem an natürlichen »Schwachstellen« des Darms entstehen – nämlich dort, wo zum Beispiel ein Blutgefäß in die Darmwand ein- oder austritt.

Bereits bei jedem zehnten 40-Jährigen findet man solche Divertikel, die zumeist rein zufällig bei einer Darmspiegelung oder einer Röntgenuntersuchung des Darms entdeckt werden. Bei den über 50-Jährigen sind es schon 30 Prozent, und bei den über 80-Jährigen kann dieser Prozentsatz auf 80 ansteigen. Zwar verursachen diese Wandausstülpungen nur bei jedem fünften Betroffenen Symptome, diese können aber nicht nur lästig, sondern auch sehr gefährlich werden.

Wenn sich solche Divertikel entzünden und aus einer Divertikulose also eine Divertikulitis wird, können starke Schmerzen im linken Unterbauch die Folge sein und eventuell sogar Fieber hervorrufen. Beim ersten Auftreten muss eine Divertikulitis immer im Krankenhaus behandelt werden – denn sonst kann es zu einer heftigen Blutung kommen, das betroffene Divertikel kann platzen und zu einer lebensbedrohlichen Bauchfellentzündung führen. Häufig wiederkehrende Entzündungen der Divertikel führen dazu, dass der betroffene Darmabschnitt durch narbige Veränderungen immer enger wird und schließlich (bei einer neuen Entzündung) in einen Darmverschluss mündet.

Da die Schmerzen bei einer Divertikulitis zwar im linken Unterbauch auftreten, in ihrer Qualität aber einer Blinddarmentzündung stark ähneln, spricht der Arzt gern von einer Linksappendizitis (der »richtige« Blinddarm liegt im rechten Unterbauch und verursacht in der Regel auch dort Beschwerden).

Während in der akuten Phase neben einer Behandlung mit Antibiotika und Schmerzmitteln Fasten angezeigt ist und anschließend die Kost mit ballaststoffarmen Speisen langsam wieder aufgebaut wird, sollte man nach abgeheilter Entzündung unbedingt alle Maßnahmen ergreifen, um den Stuhlgang zu normalisieren, insbesondere ballaststoffreiche Kost zusammen mit viel Flüssigkeit zu sich nehmen und sich ausreichend bewegen. Am besten ist es jedoch, so früh wie möglich mit diesen Maßnahmen der Entstehung einer Divertikulose vorzubeugen – denn man kann nie wissen, ob und wann aus ihr eine gefährliche Divertikulitis wird.

Hämorrhoiden

Eine weitere Folgeerscheinung von chronischer Verstopfung mit hartem Stuhl sind Hämorrhoiden, Erweiterungen des Venengeflechtes im Bereich des Enddarms. Sie machen sich vor allem durch meist leichte hellrote Blutungen nach dem Stuhlgang bemerkbar. Erst wenn sich die umgebende Haut zusätzlich entzündet, kommt es auch zu Brennen, Juckreiz und Nässen im Bereich des Darmausgangs. Schmerzen sind eher selten, sie treten jedoch mit großer Heftigkeit auf, wenn sich in einem Hämorrhoidenknoten ein Blutgerinnsel bildet.

Dieses ebenso unangenehme wie totgeschwiegene Leiden betrifft bereits jüngere Menschen und kommt mit zunehmendem Alter immer häufiger vor. Die größte Gefahr der Hämorrhoiden besteht darin, dass sie zumeist leichtfertig für alle möglichen Veränderungen und Beschwerden im Bereich des Enddarms verantwortlich gemacht werden, obwohl nicht selten eine andere Ursache dahinter steckt, eventuell sogar Krebs. Deshalb sollten Sie, wenn Sie an Hämorrhoiden leiden, regelmäßig den Arzt aufsuchen und eventuell eine Darmspiegelung durchführen lassen. Denn Blut im Stuhl ist zwar häufig durch Hämorrhoiden bedingt, kann aber auch von Darmpolypen oder -krebs ausgehen, der – frühzeitig erkannt und behandelt – vollständig heilbar ist.

Vor allem die Darmpolypen als häufige Blutungsquelle seien an dieser Stelle deshalb erwähnt, da sich die meisten Darmkrebserkrankungen aus Polypen entwickeln, die noch gutartig sind. Werden sie dann entfernt, so ist die Krebsgefahr, die von ihnen ausgeht, gebannt. Anschließende regelmäßige Kontrolluntersuchungen tragen dazu bei, dass neu gebildete Polypen rasch erkannt und wieder abgetragen werden können, bevor sich aus ihnen ein bösartiger Tumor entwickelt.

Den lästigen Hämorrhoiden selbst können Sie jedoch weitgehend vorbeugen, indem Sie sich gesund und ballaststoffreich ernähren, genügend trinken, sich viel bewegen und bei viel Stress auch für genug Entspannung sorgen. Was die Bewegung anbelangt, so ist besonders ein regelmäßiges Beckenbodentraining (siehe Seite 64) hilfreich, um die Muskulatur im Bereich des Darmausgangs so zu kräftigen und ihre Durchblutung zu fördern, dass Hämorrhoiden kaum eine Chance haben.

Sind sie jedoch erst einmal da, kann man sie durch Eingriffe wie zum Beispiel Veröden oder Abschnüren mit Hilfe eines Gummibandes, das die Blutzufuhr zu den erweiterten Venen unterbindet, bekämpfen. In fortgeschrittenen Fällen hilft jedoch nur eine Operation. Danach jedoch sollten Sie unbedingt auf die beschriebenen Vorbeugemaßnahmen zurückgreifen, damit die Hämorrhoiden nicht in kurzer Zeit erneut auftreten, was zu einer ihrer unangenehmen Eigenschaften zählt.

Alterszucker

Früher neigte man dazu, den so genannten Alterszucker als eine unabwendbare Folge des Alters abzutun und ihn auch nicht konsequent zu behandeln. Heute wird der Begriff »Alterszucker« von der Ärzteschaft abgelehnt, da es sich, auch wenn diese Form der Zuckerkrankheit häufiger in der zweiten Lebenshälfte auftritt, nicht um eine Altersfolge handelt.

In der modernen Medizin bezeichnet man diese Zuckerkrankheit, die übrigens mit 90 Prozent die weitaus häufigste Form ist, als Typ-2-Diabetes mellitus. Ihm gegenüber steht der Typ-1-Diabetes mellitus, der bereits in Kindheit und Jugend auftritt, durch einen absoluten Mangel an Insulin gekennzeichnet und vermutlich durch eine Fehlsteuerung der körperlichen Abwehrkräfte bedingt ist.

Beim Typ-2-Diabetes hingegen kommt es aufgrund mehrerer Faktoren zu einer immer schlechteren Insulinwirkung im Gewebe, die zunächst durch eine Mehrproduktion von Insulin in der Bauchspeicheldrüse ausgeglichen wird und erst spät in einen relativen Insulinmangel übergeht. Zu einem gewissen Teil ist diese Form der Zuckerkrankheit (ebenso wie der jugendliche Typ-1-Diabetes) erblich bedingt. Allerdings ist es völlig falsch, sich mit Berufung auf diesen Erbfaktor schulterzuckend in sein »Schicksal« zu ergeben. Denn dieser Erbfaktor kommt nur dann zum Tragen, wenn weitere Faktoren hinzukommen. Und hier spielen Überernährung und Übergewicht die wichtigsten Rollen.

Das Hormon Insulin, das in der Bauchspeicheldrüse produziert wird, ist dafür zuständig, Zucker, den wichtigsten Energielieferanten des Körpers, in die Zellen einzuschleusen. Wenn die Zellen aber ständig mehr Zucker angeliefert bekommen, als sie benötigen, verrammeln sie vor diesem Überangebot die »Türen«, das heißt, sie bauen viele Bindungsstellen ab, an die das Insulin andocken kann. Folglich verbleibt ein Großteil des Zuckers im Blut (was sich dort ganz einfach messen lässt). Zunächst versucht die Bauchspeicheldrüse, etwas mehr Insulin zu produzieren, um doch noch den im Blut kreisenden Zucker in die Zellen zu schleusen. Allerdings gelingt ihr das nur eine geraume Zeit, und schließlich bleibt trotz des Insulinüberangebots wieder zu viel Zucker im Blut zurück; diese Situation verschärft sich natürlich noch, sobald die Fähigkeit der Bauchspeicheldrüse zur Insulinproduktion erschöpft ist.

Lassen Sie es also gar nicht erst so weit kommen. Wenn Sie sich mit Spaß und Genuss, aber nicht übermäßig und einseitig ernähren, sich gleichzeitig viel bewegen und auf diese Weise ein gesundes Gewicht halten, dann sind Sie mit großer Wahrscheinlichkeit davor geschützt, jemals an einem Typ-2-Diabetes zu erkranken. So einfach ist das (fast immer) – und doch ist es gleichzeitig offenbar so schwierig: Schließlich sind fünf Prozent aller Deutschen Typ-2-Diabetiker, womit diese Erkrankung zu den Volkskrankheiten zählt – Tendenz steigend, denn auch immer mehr junge Menschen sind davon betroffen, was den Namen Alterszucker endgültig ad absurdum führt.

Auch wenn die Zuckerwerte im Blut bereits erhöht sind, kann man in vielen Fällen noch einmal gegensteuern, indem man Übergewicht reduziert, sich gesund ernährt und sich mehr bewegt. Schließlich bilden die Zellen, wenn sie nicht mehr mit zu viel Zucker »bombardiert« werden, wieder mehr Bindungsstellen für Insulin, und die Sensibilität dieser Rezeptoren für Insulin nimmt zu. Mehr Zucker wird folglich wieder in die Zellen transportiert und kann in Energie umgewandelt werden. Auch Bewegung hat einen ähnlichen Effekt, zumal hierbei der Energiebedarf steigt und die Zellen schon allein deshalb, weil sie mehr Zucker benötigen, die Insulin-Bindungsstellen erhöhen. Allerdings greifen diese einfachen Behandlungsmaßnahmen nur dann, wenn die Zuckerkrankheit noch nicht allzu lange besteht. Aber auch dann können Gewichtsnormalisierung, gesunde Ernährung und Bewegung den Bedarf an zuckersenkenden Medikamenten erheblich reduzieren.

Diabetes ist in jedem Alter eine gefährliche Krankheit, insbesondere dann, wenn sie nicht oder nicht ausreichend behandelt wird. Die schlimmsten Folgen bestehen in der raschen Entwicklung einer Arteriosklerose, die wiederum in einen Herzinfarkt, Schlaganfall oder in Nierenversagen münden kann. Außerdem schädigt der erhöhte Blutzucker die Nerven und die Augen und ist – über das Zusammenwirken von Nervenschäden und Durchblutungsstörungen – der häufigste Grund für Fußamputationen in der westlichen Welt.

Dies alles können Sie sich ersparen, indem Sie eine gesunde Lebensweise wählen, Übergewicht vermeiden und Ihren Körper durch ausreichende Bewegung auf Trab halten. Übrigens ist gerade die zweite Lebenshälfte eine gute Zeit, um falsche Wege wieder zu verlassen und Probleme, die man immer wieder vor sich hergeschoben und mehr oder weniger erfolgreich verdrängt hat – zum Beispiel Übergewicht –, endlich doch noch zu lösen.

Aber auch die konsequente Kontrolle und Behandlung der Zuckerkrankheit ist ein wesentlicher Pfeiler im Kampf gegen die drohenden Folgeerscheinungen eines schlecht eingestellten Diabetes. Wenn Sie zuckerkrank sind, sollten Sie Ihrer Krankheit mit Wissen zu Leibe rücken: Informieren Sie sich über sämtliche möglichen Behandlungsformen, über die Symptome von Unterzucker und stark erhöhtem Zucker und wie sie sich behandeln lassen. Schaffen Sie sich ein Blutzuckermessgerät an und bestimmen Sie Ihren Zucker selbst.

Und vor allem: Lernen Sie, die Behandlung an verschiedene Situationen selbst anzupassen, sodass Sie weitgehend autark werden und Ihren Arzt »nur« noch hauptsächlich als Berater benötigen. Vergessen Sie nie, dass der Typ-2-Diabetes eine Krankheit ist, die sich ständig wandelt. So geht die anfänglich vorherrschende Insulinmehrproduktion, die mit verschiedenen Medikamenten behandelt wird, allmählich in einen Insulinmangel über, der dann mit Insulin behandelt werden muss. Haben Sie keine Scheu vor der Insulinspritze, sondern beraten Sie sich mit Ihrem Arzt, welche Form der Insulintherapie für Sie am besten geeignet ist.

Eingeschränkte Leberfunktion

Im Laufe des Lebens wird die Leber immer kleiner. Macht ihr Anteil am Körpergewicht bei einem jungen Menschen von 20 Jahren noch 2,5 Prozent aus, so schrumpft sie bis zum 90. Lebensjahr auf 1,5 Prozent. Allerdings reicht diese verminderte Lebermasse auch dann immer noch vollkommen aus, um alle wichtigen Entgiftungsfunktionen auszuführen sowie genügend Galleflüssigkeit herzustellen. Das sollte nicht darüber hinwegtäuschen, dass die geschrumpfte Leber – die nun auch weniger stark durchblutet wird – ab einer gewissen Menge von Genussgiften oder bestimmten Medikamenten heillos überfordert ist.

Jeder ältere Mensch – und vor allem auch sein Arzt – sollte bedenken, dass einige Medikamente in einer Dosis, die für junge Menschen unschädlich ist, aufgrund der normalen Veränderungen der Leber eine andere beziehungsweise verlängerte Wirkung und meist auch mehr Nebenwirkungen zeitigen können. Aufgrund der verringerten Durchblutung gelangen weniger Medikamente in die Leber, wo sie abgebaut werden können, außerdem arbeiten einige Abbauprozesse in der Leber nun langsamer. Aus beiden Gründen verbleiben verschiedene Medikamente länger im Körper und können hier – und natürlich auch an der Leber selbst – Schäden hervorrufen.

Das gilt insbesondere dann, wenn ein Patient viele verschiedene Medikamente einnehmen muss, was recht oft vorkommt, da ältere Menschen bekanntlich unter mehreren Krankheiten leiden. Allerdings besagt eine alte Regel, dass mehr als vier verschiedene Medikamente besonders für ältere Menschen gefährlich werden können, weshalb eine höhere Zahl nur für kurze Zeit eingenommen werden sollte. Besprechen Sie mit Ihrem Arzt, ob Sie nicht das eine oder andere Mittel weglassen können.

Verzichten Sie möglichst auch auf alle »Aufbau-«, »Stärkungs-« und Zusatzpräparate, die Sie in der Apotheke ohne Rezept erhalten und die oft mehr versprechen, als sie halten. Auch hierzu sollten Sie Ihren Arzt befragen. Greifen Sie lieber auf einfache Maßnahmen zurück, als gegen alle Beschwerden und jede Veränderung ein Medikament einzunehmen. So kann es Ihnen durchaus gelingen, einen erhöhten Harnsäurewert (der immer die Gefahr einer akuten oder chronischen Gicht birgt) durch ausreichendes Trinken sowie den Verzicht auf Alkohol und purinreiche Speisen (Innereien, Sardinen, Fleisch- und Wurstwaren) auf ganz natürliche Weise zu senken. Seien Sie auch auf der Hut vor den oft hochgejubelten natürlichen Präparaten. Diejenigen, die tatsächlich wirken, haben oft auch Nebenwirkungen. Und auf die anderen, deren Wirksamkeit bisher nicht nachgewiesen wurde, können Sie sowieso verzichten – zumal Sie nicht wissen, ob es nicht doch zwischen diesen und anderen Mitteln, die Sie einnehmen, unangenehme Wechselwirkungen gibt.

Ihre Leber nimmt es Ihnen sicher nicht übel, wenn Sie ab und zu ein kühles Bier oder ein Glas Wein genießen. Allerdings ist sie nicht mehr wie in jungen Jahren bereit, alkoholische Exzesse klaglos hinzunehmen: Durch allzu häufige Überlastung wird dieses Entgiftungsorgan früher oder später eine Schädigung davontragen.

Nerven und Sinne

Sollte irgendwann einmal in der zweiten Hälfte Ihres Lebens eine Computertomographie Ihres Gehirns anstehen, so lassen Sie sich lieber erst gar nicht den Befund zeigen: Es steht so gut wie immer darin, dass das Gehirn atrophisch ist, also verkleinert. Das ist sicher richtig, wenn man es mit dem Maximum der Hirngröße in der Jugend vergleicht. Aber dies hat überhaupt keine Bedeutung, da wir glücklicherweise mit allen Organen und Geweben ausgesprochen großzügig bestückt worden sind und eine solche natürliche Altersveränderung des Gehirns nach dem jetzigen Stand der Wissenschaft keine Auswirkungen auf seine Funktion hat.

Es wurde zudem festgestellt, dass die Zahl der Nervenzellen mit zunehmendem Alter und auch die Menge der Botenstoffe abnimmt, die die Information von einer Nervenzelle an die andere weiterleiten, und dass sich gewisse Stoffe ins Nervengewebe einlagern, die vermutlich dort nicht hingehören – allerdings kann man auch diesen Veränderungen keinerlei Funktionsstörungen zuordnen. Umgekehrt finden sich bei Menschen mit ausgeprägten Funktionsstörungen nicht grundsätzlich die oben genannten Veränderungen im Nervensystem.

Geschmack

Wie fast alle Organe und Gewebe im Körper bleibt auch die Zunge nicht von Alterserscheinungen verschont. Die Geschmacksknospen auf der Zunge, die Bitter, Salzig, Sauer und Süß unterscheiden, schwinden mit zunehmendem Alter; besonders Männer sind davon betroffen. Dies ist vermutlich die Ursache dafür, dass ältere Menschen häufig die Lust am Essen verlieren und dass ihnen oft so gut wie gar nichts mehr so schmeckt wie früher. Hilfreich ist es, wenn man – anders als viele Diät- und Krankenhausköche dies tun – die Speisen stärker würzt.

Dabei sollte man jedoch weitgehend die Finger vom Salz lassen, das immerhin bei jedem dritten Menschen zu Bluthochdruck führt. Die anderen zwei Drittel dürfen ruhig auch ein wenig (nicht übertrieben) mehr Salz verwenden, da dadurch auch das Durstgefühl stimuliert wird. Zu welcher Gruppe man gehört, findet man am besten heraus, indem man den Blutdruck unter salzreicher Kost häufig kontrolliert, um zu sehen, ob die Werte dadurch deutlich ansteigen. Ist dies der Fall, so sollte man den Salzkonsum eher reduzieren und durch andere Gewürze mehr Geschmack ins Essen bringen.

Sehen

Die verminderte Sehfähigkeit ist eine der ersten Veränderungen, die unmissverständlich zu verstehen geben, dass man sich in der zweiten Lebenshälfte befindet. So nimmt um das 45. Lebensjahr herum die Brechungsfähigkeit der Linse ab, die an Elastizität verliert und sich nicht mehr so stark wie früher krümmen kann: Es fällt immer schwerer, die Zeitung zu lesen. Diese typische Alterssichtigkeit, die in der Regel alle zwei Jahre die Anpassung neuer Brillengläser erfordert, ist aber nicht die einzige Veränderung der Sehfähigkeit im Alter. Vor allem in der seitlichen Netzhaut nimmt die Empfindlichkeit der Sehzellen immer mehr ab, was sich in einer Verkleinerung des Gesichtsfeldes äußert. Zusätzlich lässt auch die Fähigkeit der Augen nach, sich an die Dunkelheit anzupassen, daneben reagieren sie empfindlicher auf Blendung. Für viele ältere Menschen wird es dadurch unmöglich, nachts Auto zu fahren.

Neben diesen natürlichen Altersveränderungen von Auge und Sehfähigkeit gibt es eine Reihe weiterer Erkrankungen, die im Alter besonders häufig auftreten, darunter der graue Star und die Makuladegeneration.

Grauer Star (Linsentrübung – Katarakt)

Mit zunehmendem Alter verliert die Linse Flüssigkeit und verdichtet sich. Je dichter sie wird, desto weniger Licht lässt sie hindurch – dieses wird zusätzlich beim Durchfallen durch die trübe Linse stärker zerstreut, sodass die Sehschärfe ab- und das Blendungsgefühl zunimmt. Leichte Linsentrübungen kommen bei den meisten älteren Menschen vor, führen aber nicht unbedingt zu Sehstörungen. In einigen Fällen schreitet die Linsentrübung jedoch so weit fort, dass die Sehkraft mehr und mehr nachlässt, bis der Betroffene nur noch Hell und Dunkel unterscheiden kann oder völlig erblindet.

Damit es nicht so weit kommt, ist es sinnvoll, die Augen regelmäßig vom Augenarzt untersuchen zu lassen und bei einer fortschreitenden Linsentrübung eine Operation nicht zu lange vor sich herzuschieben. Medikamente, die angeblich bei Linsentrübung helfen sollen, zeigen gemeinhin keine Wirkung. Operiert wird immer nur ein Auge, wobei die getrübte Linse entfernt und meist durch eine Kunststofflinse ersetzt wird. Wenn es keine Komplikationen gibt, wird der Eingriff bereits eine Woche später am anderen Auge wiederholt.

Makuladegeneration

Eine ebenfalls vor allem im Alter auftretende Erkrankung ist eine degenerative Veränderung des gelben Flecks an der Netzhaut (Makula) – also ausgerechnet dort, wo man am schärfsten sieht. Zwar kennt man die Ursache dieser meist beide Augen betreffenden Veränderung nicht genau, aber man nimmt an, dass sie durch Ablagerungen von bestimmten Stoffen in der Netzhaut verursacht wird, die im Alter schlechter »entsorgt« werden können. Die Sehstörung kann von einer leichten Trübung eines zentralen Sehbereiches bis hin zum völligen Sehverlust an dieser Stelle reichen, was vor allem beim Lesen behindert.

Die Behandlung besteht in speziellen Sehhilfen oder in operativen Eingriffen, die eine weitere Ausbreitung der Erkrankung verhindern sollen.

Hören

Mit zunehmendem Alter geht die Empfindlichkeit der Nervenzellen zurück, die im Innenohr Geräusche wahrnehmen, sie in elektrische Impulse umwandeln und ans Hörzentrum im Gehirn weiterleiten. Diese Veränderungen beginnen bereits mit dem 20. Lebensjahr und schreiten dann kontinuierlich fort.

Dabei wird zunächst die Wahrnehmung hoher Töne immer schwächer – deshalb überhören ältere Menschen häufig die Tür- oder Telefonklingel. Außerdem reduziert sich das Hörvermögen für leise Töne, was sich oftmals zuerst beim Telefonieren bemerkbar macht. Im weiteren Verlauf geht die Trennschärfe zwischen verschiedenen Geräuschen verloren, sodass der Betroffene zwar noch vernimmt, was ein einzelnes Gegenüber ihm sagt, aber nichts mehr versteht, wenn mehrere Menschen auf einmal sprechen – wie zum Beispiel während einer Diskussion. Diese Veränderungen treten zwar bei jedem Menschen auf, allerdings variieren sie stark in ihrer Ausprägung, sodass nicht jeder an einer Altersschwerhörigkeit leiden muss.

Wahrgenommen werden die ersten Veränderungen meist zwischen dem 50. und 60. Lebensjahr, also bereits recht früh in der zweiten Lebenshälfte. Leider reagieren die meisten Menschen darauf falsch: Sie verbergen die zunächst geringfügigen Einschränkungen ihrer Hörfähigkeit, stellen den Fernseher immer lauter oder legen bei einem Gespräch geschickt die Hand ans Ohr, damit sie den anderen besser verstehen. Es empfiehlt sich jedoch, so früh wie möglich den Ohrenarzt aufzusuchen – schließlich kann sich hinter einem verschlechterten Hörvermögen auch eine ebenso banale wie leicht zu behebende Störung verbergen, wie zum Beispiel ein Pfropf aus Ohrenschmalz, der den äußeren Gehörgang völlig verlegt und den Betroffenen nahezu taub macht. Eine einfache Ohrspülung führt hier rasch wieder zum normalen Hörvermögen. In anderen Fällen bedingt eine Otosklerose den zunehmenden Hörverlust: Dabei geht die Beweglichkeit der drei im Mittelohr befindlichen Ohrknöchelchen, die die Schallwellen vom Trommelfell ins Innenohr übertragen, langsam verloren. In diesem Fall kann ein operativer Eingriff das Hörvermögen wieder deutlich bessern.

Altersschwerhörigkeit

Dennoch stecken hinter den meisten Fällen von Schwerhörigkeit alterstypische Veränderungen des Hörorgans – eine Tatsache, die von den meisten Betroffenen zunächst verleugnet wird. Wenn Sie bemerken, dass Sie schlechter hören als früher, dann suchen Sie umgehend den Ohrenarzt auf und verdrängen Sie diese Tatsache nicht. Denn je früher Sie damit beginnen, den Hörfehler durch ein Hörgerät auszugleichen, desto leichter fällt es Ihnen, sich schließlich daran zu gewöhnen.

Wer sich jedoch erst sehr spät und voller Unmut entschließt, sich doch noch ein Hörgerät anpassen zu lassen, wird es vielleicht gar nicht mehr optimal nutzen können: Denn meist ist die Hörstörung dann schon weit fortgeschritten, und das Gehirn hat sich bereits abgewöhnt, Geräusche wahrzunehmen und zu interpretieren, sodass dem Betroffenen alles, was er plötzlich durch das Hörgerät vernimmt, als unerträglicher Lärm erscheint. Tatsächlich vermittelt ein Hörgerät nicht nur die Worte des Gesprächspartners, sondern immer auch die Geräusche aus der Umgebung. Allerdings gibt es mittlerweile Geräte, die die Umgebungsgeräusche etwas unterdrücken.

Die Entwicklung von immer kleineren und trotzdem gut zu bedienenden multifunktionalen Geräten schreitet rasant voran, sodass eigentlich jeder eines finden müsste, mit dem er gut umgehen kann. Dem Betroffenen steht übrigens eine kostenlose umfassende Einweisung und eine mehrjährige Nachbetreuung durch den Hörgeräte-Akustiker zu. Um sich an das Gerät zu gewöhnen, ist es ratsam, es von Anfang an möglichst häufig zu tragen und bei Schwierigkeiten den Akustiker oder auch den Ohrenarzt sofort aufzusuchen.

Tinnitus

Ebenfalls häufig in höheren Jahren treten lästige Ohrgeräusche auf, die den Betroffenen oft stärker stören als eine Schwerhörigkeit (die nicht selten gleichzeitig besteht). Die Ohrgeräusche werden unter anderem als sausend, pfeifend, zischend, brummend und pulsierend beschrieben; sie können immer vorhanden sein oder auch nach kurzen Pausen immer wieder auftreten. Die genaue Ursache von Ohrgeräuschen kennt man nicht, nur selten sind schwere Lärmschäden (Knalltrauma), eine Mittelohrentzündung oder eine Schädelverletzung dafür verantwortlich.

Dagegen nimmt man an, dass Ohrgeräusche zumindest zum Teil durch Stress und andere seelische Probleme verursacht werden. Zwar gibt es Medikamente, die Ohrgeräusche auslösen können – darunter Schmerzmittel, Antibiotika und Malariamedikamente –, leider gibt es aber keine Medikamente, die einen nachgewiesenen Nutzen bei der Behandlung von Ohrgeräuschen haben. Gerade ältere Menschen, die meist ohnehin viele Medikamente einnehmen, sollten sich hüten, obskure Behandlungsmethoden und Präparate anzuwenden, die ihnen vermutlich nicht helfen, dafür aber gelegentlich sogar schaden können.

Wenn Sie unter Ohrgeräuschen leiden, sollten Sie wissen, dass es sich bei diesem Phänomen nicht um eine gefährliche Erkrankung handelt und Ohrgeräusche außerdem sehr weit verbreitet sind. Zunächst einmal sollten Sie die Krankheit annehmen und mit ihr ein aktives Leben führen; dabei können auch verschiedene Entspannungstechniken wertvolle Dienste leisten (siehe Seite 147ff). Außerdem gibt es spezielle Hörgeräte, die einen Dauerton erzeugen, mit dem das Ohrgeräusch überdeckt werden kann. Dies ist vor allem für Menschen geeignet, die aufgrund einer Schwerhörigkeit sowieso ein Hörgerät tragen. Ansonsten kann es auch helfen, mit einem eingeschalteten Radio die Ohrgeräusche zu übertönen.

Schwindel

Schwindel ist ein sehr häufiges Symptom, das bereits jungen Menschen Furcht einflößen kann, mit zunehmendem Alter aber immer häufiger auftritt. Schuld daran sind oftmals Funktionsstörungen des Gleichgewichtsorgans. Aber auch die im Alter häufig auftretenden Sehstörungen, Schwankungen des Blutdrucks, hoher und niedriger Blutdruck, Herzrhythmusstörungen, Herzschwäche, Durchblutungsstörungen im Gehirn sowie verschiedene Medikamente und vieles mehr können einzeln und zusammen Schwindelsymptome auslösen. Selbst wenn leichte Schwindelgefühle, insbesondere bei Lagewechsel, mit den Jahren öfter auftreten, sollten Sie, wenn Sie darunter leiden, einen Arzt aufsuchen. Vielleicht findet er eine Ursache, die sich mit einfachen Mitteln behandeln lässt. Ist dies nicht der Fall, so können Sie selbst dazu beitragen, dass der Schwindel nicht schlimmer wird und keine Stürze nach sich zieht.

Eine wichtige Vorbeugungs- und auch Behandlungsmaßnahme ist Bewegung: Sie kräftigt nicht nur die Muskeln und stärkt die Knochen, sondern sie schult auch das Gleichgewichtssystem und die Koordination der Bewegungen. Dadurch bleiben diese Funktionen lange erhalten und widerstehen den für das Altern typischen Abnutzungserscheinungen. Außerdem kann ein trainiertes Gleichgewichtssystem und eine geschulte Bewegungskoordination gewisse Funktionseinbußen wieder ausgleichen. Das Schlimmste wäre es also, wenn Sie bei leichten Schwindelattacken auf dem Sofa sitzen blieben und sich kaum mehr bewegten.

Wenn Sie fürchten, durch den Schwindel die Kontrolle über Ihren Körper zu verlieren, dann bitten Sie Ihren Hausarzt oder Neurologen, Sie zu einem speziellen Schwindeltraining bei einem ausgebildeten Krankengynmasten oder Physiotherapeuten zu überweisen. In einigen ambulanten Rehabilitationseinrichtungen oder auch an Volkshochschulen in größeren Städten werden bisweilen Gruppenkurse zum Schwindeltraining angeboten. Auch hilft es, regelmäßig in Begleitung spazieren zu gehen, wenn Sie sich allein zu unsicher fühlen. Sie werden sehen, je mehr Sie sich bewegen, desto eher lässt sich der Schwindel vertreiben und desto besser können Sie mit ihm umgehen.

Bevor Sie mit dem Schwindeltraining beginnen, sprechen Sie mit Ihrem Arzt darüber, welche Übungen gerade für Ihre Form des Schwindels günstig sind. Im Folgenden ist nur eine Auswahl wiedergegeben. Sie hilft vor allem bei Schwindel, der durch die Erkrankung eines Gleichgewichtsorgans bedingt ist, kann aber auch bei »unsystematischem« Schwindel wirksam sein. Alle Übungen können Sie problemlos allein durchführen. Der Sinn der Übungen besteht darin, die gesunden Nervenzellen und -bahnen des Gleichgewichtsorgans so weit zu aktivieren, dass sie die ausgefallenen Anteile ersetzen können.

Übungen zum Schwindeltraining

1. Setzen Sie sich bequem auf einen Stuhl und strecken Sie einen Arm aus. Machen Sie mit der ausgestreckten Hand eine Faust und halten Sie den Daumen hoch. Nun bewegen Sie den Arm mit hochgehaltenem Daumen langsam auf einer gedachten waagerechten Linie nach links und rechts. Fixieren Sie den Daumen und folgen Sie mit Ihren Augen dieser Bewegung, während Sie den Kopf ruhig halten.

Halten Sie anschließend den ausgestreckten Arm gerade vor Ihren Körper, fixieren Sie erneut den hochgehaltenen Daumen und bewegen Sie nun den Kopf langsam von einer Seite zur anderen, während die Augen ständig auf den Daumen gerichtet sind.

2. Stellen Sie sich gerade hin, suchen Sie einen festen Stand und heben Sie nun langsam ein Bein etwas an. Bleiben Sie einen Moment so stehen und beginnen Sie dann, das angehobene Bein vor- und zurückzuschwingen. Stellen Sie es wieder ab, suchen Sie wieder einen festen Stand und wiederholen Sie die Übung mit dem anderen Bein.

3. Werfen Sie, anfangs im Sitzen, später im Stehen einen Ball von einer Hand über den Kopf in die andere Hand und folgen Sie dem Ball mit den Augen. Wenn Sie die Übung gut beherrschen, dann führen Sie sie auf einem Bein stehend durch.

4. Sobald Sie Ihren Schwindel gut im Griff haben, können Sie das Gleichgewichtssystem durch Sportarten wie Tischtennis, Volleyball und andere Ballsportarten weiter schulen.

Wenn Sie zu Schwindel neigen, sollten Sie neben viel Bewegung und speziellem Schwindeltraining möglichst auf Medikamente verzichten, die ein Gefühl von Benommenheit, Schwäche und auch Schwindel hervorrufen können. Dazu gehören vor allem Beruhigungs- und Schlafmittel, Psychopharmaka, einige Antibiotika, blutdrucksenkende Präparate und Medikamente zur Linderung von Prostatabeschwerden.

Schlaf und Schlafstörungen

Wie so vieles ändert sich auch der Schlaf mit zunehmendem Alter; es gibt jedoch selbst unter den Hochbetagten beneidenswerte Menschen, die wie ein Murmeltier schlafen und morgens erholt und frisch aufwachen. Typischerweise werden aber im Alter die Tiefschlafphasen kürzer und verlagern sich nach vorn in die Zeit nach dem Einschlafen; zusätzlich wird der Schlaf noch durch kurze Aufwachphasen unterbrochen, die jedoch vom Betroffenen selbst nicht bemerkt werden. Dies bewirkt nicht nur, dass der ältere Mensch weniger schläft, sondern auch, dass sein Schlaf nicht mehr so erholsam ist wie früher.

Allerdings holen viele Menschen den nachts fehlenden Schlaf durch kleine Nickerchen am Tage nach. Da die meisten Menschen mit einem solchen Schläfchen keinen Vorgesetzten mehr verärgern können, sollten sie sich diesen Luxus auch auf jeden Fall gönnen. Allerdings hapert es hier oft mit der Akzeptanz der alterstypischen Veränderungen des Schlafes, die jedoch weder gefährlich noch besonders unangenehm sind – sofern man sie nicht als falsch oder störend bewertet. Auch ist es nicht sinnvoll, den Schlaf herbeizuzwingen, indem man besonders früh zu Bett geht, denn das führt unweigerlich nur dazu, dass man umso früher wieder aufwacht.

Das Leben lässt sich nicht dreinreden – vielmehr verlangt es von dem, der sich daran erfreuen darf, eine gewisse Bereitschaft, sich an die natürlichen Gegebenheiten anzupassen. Dabei ist es für den Betroffenen einfacher, dies wohlwollend zu tun, als sich mit großem Verdruss seinem Schicksal zu unterwerfen oder – noch schlimmer – den Schlaf mit Medikamenten herbeizuzwingen. Diese Methode funktioniert zwar augenscheinlich sehr gut, allerdings ist der Preis für den künstlich herbeigeführten Schlaf sehr hoch.

Auf der einen Seite haben Schlaf- und Beruhigungsmittel gerade bei älteren Menschen fatale Nebenwirkungen: So rufen die heute am häufigsten verordneten Benzodiazepine zum Beispiel neben Benommenheit eine Muskelschwäche hervor, die beim nächtlichen Gang zur Toilette nicht selten einen Sturz und damit möglicherweise einen langwierigen Krankenhausaufenthalt herbeiführen. Zum anderen münden die meisten Schlafmittel schon nach kurzer Anwendung in eine Abhängigkeit, die sich beim Absetzen der Medikamente in zahlreichen Beschwerden äußert und den Betroffenen schnell wieder zu den Tabletten greifen lässt. Außerdem können solche Mittel vor allem bei älteren Menschen so genannte paradoxe Wirkungen auslösen: Das heißt, sie verursachen Unruhe bis hin zu Erregungszuständen, statt den Betroffenen zu beruhigen und ihm das Schlafen zu erleichtern.

Eine viel bessere Methode, mit den im Alter häufigen und ganz normalen Schlafveränderungen, aber auch mit echten Schlafstörungen umzugehen, besteht darin, durch viel Bewegung am Tag, aber auch geistige und soziale Beschäftigungen eine gesunde Müdigkeit herbeizuführen und den natürlichen Schlaf zu fördern.

Praktische Tipps für einen gesunden Schlaf

- Sorgen Sie jeden Tag für ausreichende körperliche Bewegung – auch dann, wenn Ihre Beweglichkeit zum Beispiel durch eine Arthrose etwas eingeschränkt ist. Es gibt immer Möglichkeiten, sich etwas mehr zu bewegen – ohne dass Sie gleich Leistungssport betreiben müssen.
- Gehen Sie Ärger und Aufregungen aus dem Weg – am besten, indem Sie vielen Dingen nicht zu viel Gewicht einräumen. Ein großer Vorteil des Alters ist Gelassenheit – machen Sie sich diese Fähigkeit mehr und mehr zu Eigen.
- Gehen Sie nicht zu früh ins Bett, sondern erst dann, wenn Sie wirklich müde sind. Falls Sie morgens immer sehr früh aufwachen, verlegen Sie den Zeitpunkt des Zubettgehens etwas nach hinten.
- Halten Sie regelmäßige Schlaf- und Wachzeiten ein, damit sich Ihr Körper an eine bestimmte Zeit, die der Nachtruhe dient, gewöhnen kann.
- Essen Sie abends nicht zu viel und zu üppig und trinken Sie am späten Abend nicht mehr viel, damit Sie in der Nacht nicht zu oft zur Toilette gehen müssen.

- Schlafen Sie in einem ruhigen, dunklen, kühlen und gut gelüfteten Zimmer, in dem Sie sich wohl fühlen.
- Gestalten Sie Ihr Schlafzimmer gemütlich und für Sie angenehm; nutzen Sie es aber möglichst nur zum Schlafen, nicht jedoch zum Essen, Arbeiten oder als Hobbyraum.
- Wenn Sie gern vor dem Einschlafen lesen, wählen Sie eine angenehme, entspannende Lektüre und möglichst keine aufregenden Krimis oder beklemmende Dokumentarberichte.
- Erlernen sie eine Entspannungstechnik (wie zum Beispiel Autogenes Training, Progressive Muskelentspannung oder Meditation) oder besorgen Sie sich eine entspannende Hörkassette, die Sie vor dem Einschlafen anhören.
- Wenn Sie nachts häufiger aufwachen, denken Sie nicht verkrampft darüber nach, wie Sie wieder einschlafen können. Damit bewirken sie erst recht, dass Sie immer nervöser und wacher werden. Stellen Sie sich stattdessen eine sehr behagliche und entspannte Situation vor. Vielleicht reicht das bereits aus, damit Sie wieder einschlafen.
- Gelingt es Ihnen nicht, nach dem Aufwachen rasch wieder einzuschlafen, so stehen Sie auf und tun Sie etwas Sinnvolles, statt sich nervös und ärgerlich im Bett herumzuwälzen. In der Regel wird Sie diese nächtliche Aktivität bald wieder müde machen.
- Wenn Sie längere Zeit nachts wach liegen, sollten Sie sich klarmachen, dass auch das Liegen und Ruhen im Bett eine entspannende Wirkung hat.
- Verzichten Sie bei Schlafstörungen auf Medikamente, die ebenfalls den Schlaf stören können, insbesondere auf koffeinhaltige Schmerzmittel. Viele weitere Mittel jedoch – etwa Kortisonpräparate, Asthmamittel oder Betablocker – sind oft für die Behandlung chronischer Krankheiten unverzichtbar und dürfen keinesfalls eigenmächtig abgesetzt werden. Sprechen Sie gegebenenfalls mit Ihrem Arzt darüber, ob Sie auf das eine oder andere Präparat, das vielleicht Ihren Schlaf beeinträchtigt, verzichten können.

Lassen sich die Schlafstörungen nicht mit diesen einfachen Mitteln in den Griff bekommen und verursachen sie einen sehr großen Leidensdruck, so ist ein zunächst zeitlich begrenzter Behandlungsversuch mit Beruhigungs- oder Schlafmitteln möglich. Damit die Wirkstoffe nicht in die Abhängigkeit führen und immer größere Dosen erfordern, sollte jedoch bei einer dauerhaften Einnahme zur Behandlung chronischer Schlafstörungen an mehreren Tagen in der Woche eine Einnahmepause eingehalten werden.

Depressionen

Depressionen sind die häufigsten psychischen Störungen im Alter. Die Angaben variieren von 15 bis 30 Prozent aller Menschen über 60 Jahren, die an dauerhaften depressiven Verstimmungen leiden. Die Ursachen einer Depression bei älteren Menschen ist nicht allein in Veränderungen des Nervensystems zu suchen, sondern vor allem in den vielen sozialen Veränderungen, im Abbruch von familiären und weiteren Kontakten bis hin zur Vereinsamung, in der zunehmenden Krankheitswahrscheinlichkeit, in einer schwindenden Erwartungshaltung der Zukunft gegenüber und schließlich in immer geringer werdenden Möglichkeiten der Selbstverwirklichung.

Im Gegensatz zu jüngeren Menschen leiden ältere Depressive weniger unter einer offenkundigen Traurigkeit, sondern eher unter einer stillen Resignation, unter dem Verlust von Interessen und dem Fehlen jeglichen Antriebs, unter mangelnder Konzentration und gereizter Verstimmtheit: Sie ziehen sich von ihrer Umwelt immer mehr zurück. Diese »leisen« Symptome werden oft nicht als Depression erkannt, insbesondere dann, wenn keine Angehörigen oder Bekannten mehr da sind, denen sie als Besonderheit auffallen könnten.

Eine andere im Alter sehr häufige Form der Depression ist die so genannte larvierte oder somatisierte Depression, bei der die Betroffenen unter allen möglichen körperlichen Beschwerden leiden – etwa Herzbeschwerden, Rückenschmerzen, Atemnot, Kopfschmerzen, Schlafstörungen und sogar Zahnschmerzen –, der Arzt dafür aber keine Ursache finden kann. Auch bei diesen Menschen wird eine Depression erst nach einer langen Odyssee durch verschiedene Arztpraxen und nach zahlreichen Untersuchungen diagnostiziert. Dennoch ist die Chance, dass die Krankheit überhaupt erkannt und behandelt wird, bei der somatisierten Depression weitaus höher als bei der »stillen« Form.

In schweren Fällen muss eine Depression zunächst einmal mit Medikamenten behandelt werden, deren Dosis bei älteren Menschen jedoch niedriger als bei jungen gewählt und sehr vorsichtig auf das endgültige Niveau gesteigert werden sollte. Allerdings darf die medikamentöse Behandlung der Depression nicht die einzige Behandlungsmaßnahme bleiben. Zwar hilft sie den Betroffenen vielfach, einen Weg aus Isolation, Antriebs- und Leblosigkeit zurück ins Leben zu finden, um die Ursachen der Depression zu reflektieren und für zugrunde liegende Probleme eine Lösung zu finden; doch benötigen die meisten Menschen auch hierbei Unterstützung: etwa durch eine Psychotherapie oder eine Veränderung des sozialen Umfeldes, das besonders bei sehr alten, schwer depressiven Menschen oft aus einer deprimierenden Leere besteht.

Unter diesem Gesichtspunkt bietet die Depression – ob es sich nun um die Midlifecrisis des Mitte-40-Jährigen handelt, dessen zweite Lebenshälfte gerade erst begonnen hat, oder um die schwere Hoffnungslosigkeit eines hochbetagten, kranken, im Heim lebenden Menschen – immer auch die Chance einer Neuorientierung und des Aufbruchs. Vielfach ist jedoch – zumindest zu Beginn der Behandlung – eine medikamentöse und psychotherapeutische Unterstützung unerlässlich. So kann der Betroffene durch die Depression lernen, dass er im Leben an einem Punkt angekommen ist, an dem er nur noch auf der Stelle tritt.

Oft weist gerade die Depression darauf hin, dass der Patient nicht weiter die Augen davor verschließen sollte, dass seine Tätigkeit ihn nicht mehr ausfüllt oder seine Partnerschaft weitgehend freud- und inhaltslos verläuft. Zwar sollte man sich nicht endlos tief in eine Depression hineinfallen lassen, es empfiehlt sich vielmehr, sie anzunehmen und sich in sie so weit hineinzufühlen, dass man versteht, welche Botschaft sie möglicherweise mit sich bringt. Denn auch die Depression eines sehr alten und nur noch teilweise selbstbestimmten Menschen kann für ihn von Nutzen sein.

So lehrt sie ihn möglicherweise, dass das Leben vor allem im Augenblick stattfindet und nicht in versäumten Gelegenheiten der Vergangenheit oder kaum mehr zu erhoffenden Chancen in der Zukunft. Außerdem drängt sie den Betroffenen, in der ihn umgebenden kleinen Welt vielleicht doch noch einen Zusammenhang mit einem übergeordneten Prinzip aufzuspüren, das allen Dingen innewohnt und ihren Gang bestimmt. Doch dies wird nur wenigen Menschen ganz allein gelingen, wenn ihnen nicht jemand zuvor aus dem dunkelsten Tief heraushilft. Dazu besteht leider in den Institutionen, in denen diese Menschen oft ihre letzten Jahre verbringen müssen, nur selten die Möglichkeit.

Es ist sicherlich nicht in allen Punkten wissenschaftlich belegt, und doch liegt es auf der Hand, dass ein aktives, kreatives, flexibles Leben, das in ein weit verzweigtes soziales Netz von familiären und freundschaftlichen Kontakten eingebettet ist, vor Depressionen schützt beziehungsweise die besten Voraussetzungen bietet, eine Depression wieder zu überwinden.

Schlaganfall

Auch wenn dieses Thema den munteren Starter in die zweite Lebenshälfte irritieren mag, da er sich von dieser Alterskrankheit noch nicht im Geringsten bedroht fühlt, ist gerade der Schlaganfall auch für ihn eine beachtenswerte Gefahr. Das Wirksamste, das man gegen einen Schlaganfall nämlich tun kann, ist, ihm durch eine gesunde Lebensführung vorzubeugen. Denn der Schlaganfall ist ebenso wie der Herzinfarkt eine gefährliche und die Lebensqualität erheblich einschränkende Folge der Arteriosklerose (siehe auch Seite 53).

Diese Erkrankung betrifft letztlich alle arteriellen Blutgefäße im Körper, wirkt sich jedoch vor allem am Herzen, in den Beinen und im Gehirn aus.

Ähnlich wie bei einem Herzinfarkt ein Herzkranzgefäß sich plötzlich verschließt und die Blutzufuhr zu einem Teil des Herzmuskels gestoppt wird, geht beim Verschluss eines Blutgefäßes, das Blut zum Gehirn führt oder im Gehirn verläuft, ein Teil des Hirngewebes zugrunde – es entsteht ein Hirninfarkt. Etwas anders als beim Herzinfarkt wird das Gefäß meist durch ein Gerinnsel verschlossen, das aus einem weiter entfernt liegenden Blutgefäß oder aus dem Herzen stammt. In 20 Prozent der Fälle ist jedoch nicht ein Gefäßverschluss, sondern eine Blutung aus einem Hirngefäß die Ursache eines Schlaganfalls. Auch hier wird das Aufbrechen des Blutgefäßes durch arteriosklerotische Schädigungen begünstigt.

Ein Schlaganfall äußert sich je nach Ausmaß und Gebiet, das dadurch zerstört wird, in einer halbseitigen oder nur im Arm beziehungsweise Bein auftretenden Sensibilitätsstörung und Schwäche, die bis hin zu einer vollständigen Lähmung reichen kann, sowie in Sprach- und Sehstörungen sowie Bewusstseinsveränderungen bis zur Bewusstlosigkeit. In vielen Fällen bilden sich die Ausfallserscheinungen nach einiger Zeit weitgehend wieder zurück, gelegentlich können aber auch Lähmungen, Sprachstörungen und andere Einschränkungen ganz oder teilweise bestehen bleiben. In diesem Fall sind nicht nur der Bewegungsradius und die Lebensqualität des Schlaganfallpatienten erheblich eingeschränkt, er ist in seinen alltäglichen Verrichtungen dann meist auch auf die Hilfe anderer Menschen angewiesen und muss oftmals von seiner gewohnten Umgebung in ein Pflegeheim umsiedeln.

Dies alles soll Ihnen keine Angst vor dem Altern machen, sondern Sie erneut dazu motivieren, ein gesundes, zufriedenes Leben zu führen und (noch) vorhandene Risikofaktoren auszuschalten beziehungsweise so gut wie möglich zu behandeln.

Dem Schlaganfall vorbeugen

• Normalisieren Sie Ihr Gewicht, wenn Sie zu viel wiegen (siehe Seite 142ff.). Oft bessern sich durch die Gewichtsabnahme auch ein gleichzeitig bestehender Bluthochdruck, ein Typ-2-Diabetes und eine Fettstoffwechselstörung. Gelegentlich können mit Erreichen eines normalen Gewichts die Symptome dieser Krankheiten sogar ganz verschwinden.

• Hören Sie auf zu rauchen.

• Bewegen Sie sich mehr. Beginnen Sie, Ihren Körper wahrzunehmen und ihm die nötige Beachtung zu schenken. Schließlich ermöglicht er es Ihnen, am Leben auf dieser Welt teilzunehmen.

• Entspannen Sie sich: Lernen Sie, Ihre kreisenden Gedanken zumindest für einige Minuten am Tag auszuschalten und sich auf den Moment, in dem Sie gerade leben, zu konzentrieren. Lernen Sie, dem Leben und seinen Problemen gelassener gegenüberzutreten, und entdecken Sie die positiven Dinge, die in jeder Krise und in jedem Konflikt für Sie stecken.

• Wenn all diese Maßnahmen nicht ausreichen oder vielleicht ein wenig zu spät kommen, um Ihren Blutdruck, den Blutzuckerspiegel und die Blutfette zu senken, stellt Ihnen Ihr Arzt zahlreiche Möglichkeiten zur Verfügung, diese Risikofaktoren auszuschalten und Ihre Blutgefäße so vor (weiteren) Schäden zu schützen. Nehmen Sie diese Möglichkeiten wahr und führen Sie die Therapie konsequent zusammen mit Ihrem Arzt durch.

Hirnleistungsstörungen

Auch dieses Thema wird gern verdrängt, wenn man frisch und voller Elan in die zweite Lebenshälfte eintaucht: Schließlich erscheinen derartige Ausfälle des bisher so verlässlich arbeitenden Intellekts absolut undenkbar. Dennoch führt an der Tatsache kein Weg vorbei, dass mit fortschreitendem Alter immer mehr Menschen an Hirnleistungsstörungen leiden, die über die »normale« Vergesslichkeit hinausgehen: In der westlichen Welt sind schätzungsweise fünf bis zehn Prozent aller über 65-Jährigen und 20 bis 40 Prozent aller über 80-Jährigen von Hirnleistungsstörungen betroffen. Diese werden wiederum unterteilt in die Alzheimer-Krankheit, die auf ursächlich unbekannten Abbauvorgängen im Gehirn beruht, und die so genannte vaskuläre Demenz, die auf dem Boden von Durchblutungsstörungen entsteht. Daneben gibt es Mischformen beider Veränderungen und weitere, seltenere Formen von Hirnleistungsstörungen.

Ist die nachlassende geistige Leistungsfähigkeit eine Folge von Durchblutungsstörungen, so gelten die gleichen Vorbeugemaßnahmen wie bei der koronaren Herzkrankheit und dem Schlaganfall, denn all diese Erkrankungen basieren auf arteriosklerotischen Veränderungen der arteriellen Blutgefäße. Nur kommt es bei der vaskulären Demenz nicht zu plötzlichen Lähmungen und Sprachstörungen, sondern zu einer langsamen, meist schubweisen Verschlechterung der geistigen Fähigkeiten.

Im Gehirn eines Patienten mit vaskulärer Demenz findet man meist zahlreiche Bezirke, die aufgrund der Durchblutungsstörungen zugrunde gegangen sind. Man bezeichnet dies als Multi-Infarkt-Syndrom. Auch vor dieser Krankheit können Sie sich schützen, wenn Sie gesund leben, kein Übergewicht entwickeln, nicht rauchen, sich viel bewegen, eine Balance zwischen Anspannung und Entspannung herstellen, Freude am Leben finden und alle weiteren Risikofaktoren ausreichend behandeln (lassen).

Die Demenz vom Alzheimer-Typ ist die häufigste Form der Hirnleistungsstörung. Bisher ist eine eindeutige Ursache der Erkrankung nicht bekannt, dagegen wird über viele mögliche Auslöser und Risikofaktoren heftig diskutiert. Sicher ist bisher nur, dass es eine (nicht allzu hohe) familiäre Vorbelastung für diese Erkrankung gibt.

Es gibt zwar viele Medikamente, die gegen den geistigen Abbau bei der Alzheimer-Krankheit helfen sollen, ihre Wirkung – sofern sich überhaupt davon sprechen lässt – ist jedoch nur gering und tritt nicht bei jedem Patienten zu Tage. Auch eine gute Schulbildung, eine aktive Lebensform, rege geistige Tätigkeit und vielfältige Interessen in jüngeren Jahren können der Krankheit zwar nicht vorbeugen, allerdings befähigen diese Qualitäten Alzheimer-Patienten, die dadurch auftretenden Mängel längere Zeit zu kompensieren.

Parkinson-Krankheit

Die Parkinson-Krankheit ist eine der häufigsten neurologischen Krankheiten bei älteren Menschen; allerdings tritt sie immer öfter auch schon vor dem 40. Lebensjahr auf. Bei dieser Erkrankung, die wegen eines ihrer Hauptsymptome, dem Ruhezittern vor allem der Hände, früher auch Schüttellähmung genannt wurde, gehen in einem bestimmten Bereich des Gehirns Nervenzellen zugrunde, die den Botenstoff Dopamin produzieren. Die Krankheitserscheinungen gründen einerseits auf dem zunehmenden Mangel an Dopamin, andererseits aber auch auf dem dadurch entstehenden Ungleichgewicht zwischen Dopamin und anderen Botenstoffen im zentralen Nervensystem.

Die Parkinson-Krankheit äußert sich hauptsächlich in einer Verminderung der Beweglichkeit (Akinesie) mit kleinen Schritten und einer typischen, »eingefroren« erscheinenden Mimik, einer gesteigerten Steifheit der Muskulatur (Rigor) und einem Zittern (Tremor) vor allem der Hände in Ruhe. Typischerweise zeigen sich zu Beginn der Parkinson-Krankheit nur diskrete Veränderungen auf einer Körperseite oder auch nur in einer begrenzten Körperregion, die mit schmerzhaften Muskelverspannungen einhergehen können, weshalb oft eine Arthrose oder ein Rückenleiden fehldiagnostiziert werden. Begleitend treten zahlreiche vegetative Beschwerden wie Schwindel, vermehrte Speichelbildung, niedriger Blutdruck, Blasenfunktionsstörungen und verstärktes Schwitzen auf. Das Denken ist zwar verlangsamt, doch die geistige Leistungsfähigkeit wird nicht beeinträchtigt.

Zwar gestaltet sich die Behandlung der Erkrankung nicht immer ganz einfach, sodass sie in jedem Fall in die Hände eines erfahrenen Neurologen gehört, allerdings steht hierzu mittlerweile eine Vielzahl von wirksamen Medikamenten zur Verfügung, mit denen die Beschwerden – wie zum Beispiel Schmerzen durch die steifen Muskeln – bei den meisten Betroffenen gut gelindert werden können.

Der Parkinson-Krankheit kann man leider nicht vorbeugen, und ebenso wenig kann man sie heilen – dennoch sind die Behandlungsmöglichkeiten heute sehr gut, sodass die Krankheit nicht wie früher die Lebenserwartung verkürzt. Wichtiger noch als die Lebensdauer ist eine hohe Lebensqualität während der Erkrankung, die heute ebenfalls durch die medikamentöse Behandlung und gegebenenfalls kleine neurochirurgische Eingriffe relativ lange gewährleistet werden kann. Eine ebenfalls unschätzbar wichtige Therapiemaßnahme ist neben reger geistiger Aktivität die regelmäßige Bewegung, die entsprechende Sportgruppen an Kliniken oder Volkshochschulen anbieten und die durch eine spezielle Krankengymnastik unterstützt werden sollte, um feinmotorische Bewegungen zu üben und der Steifheit der Muskulatur entgegenzuwirken.

Muskeln, Knochen und Gelenke

Zu den natürlichen Veränderungen das Älterwerdens gehört auch, dass die Muskelmasse bis zum 60. Lebensjahr etwa um 20 Prozent und bis zum 70. Lebensjahr um 30 Prozent zurückgeht. Dies führt zu einer spürbaren Abnahme der Muskelkraft und der Muskelausdauer, die jedoch im »normalen« Leben eines älteren Menschen kaum ins Gewicht fällt. Denn die meisten Menschen werden mit zunehmendem Alter inaktiver, und selbst wenn sie Sport treiben, bewegen sie sich beim Spazierengehen, Bergwandern, Skilanglaufen und Radfahren langsamer als junge Menschen.

Treten jedoch Krankheiten wie eine Kniegelenksarthrose auf, so kann diese nicht mehr ausreichend durch die Kraft der umgebenden Muskeln kompensiert werden, wie dies in jungen Jahren oft noch für geraume Zeit gelingt. Überdies nehmen die Muskelfasern innerhalb eines Muskels ab, ebenso wie die Zahl der in den Muskelzellen vorhandenen Mitochondrien, die als »Kraftwerke der Zelle« die Energiegewinnung aus den Nährstoffen erst ermöglichen. Auch die Bänder, die die Gelenke umgeben und stabilisieren, sowie die Sehnen und die Muskeln selbst verlieren an Elastizität, Gleitfähigkeit, Reißfestigkeit und Dehnbarkeit, sodass sie schon bei wesentlich geringerer Gewalteinwirkung verletzt werden, als dies in der Jugend der Fall ist.

Mit zunehmendem Alter kommt es auch in den Gelenken zu typischen Veränderungen, die aber an sich noch keine Beschwerden hervorrufen und keinesfalls gleichbedeutend mit einer Arthrose sind. Die großen Moleküle im Knorpel verändern sich, und auch ihre Fähigkeit, Wasser zu binden, nimmt immer weiter ab. Gleichzeitig verliert das Knorpelgewebe an Elastizität und Belastbarkeit, es wird dünner, starrer und anfälliger für äußere Schädigungen. Dazu kommt, dass das Gelenk nicht mehr so gut durchblutet wird und auch die Qualität der Gelenkflüssigkeit zurückgeht.

Zudem schwindet die Knochenmasse mit zunehmendem Alter langsam und weitgehend unbemerkt – bei Frauen während der Wechseljahre allerdings schneller. Etwa 30 Prozent der Frauen erkranken durch diesen Mineralverlust des Knochengewebes an Osteoporose (siehe Seite 121ff.), unter anderem auch deshalb, weil sie insgesamt eine geringere Knochenmasse haben als Männer.

Doch dem muss man nicht tatenlos zusehen, denn vor allem gegen den Muskelabbau im Alter gibt es eine einfache und äußerst wirksame Gegenmaßnahme: regelmäßige Bewegung, natürlich am besten von Kindesbeinen an. Wer nämlich bereits in der Jugend eine kräftige Muskulatur aufgebaut und sie sich sein Leben lang erhalten hat, wird unter normalen Umständen nicht unter einem altersbedingten Muskelabbau zu leiden haben. Gleichzeitig kräftigt regelmäßige Bewegung die Bänder und Muskeln und fördert die Durchblutung der Gelenke sowie die Versorgung der Gelenkknorpel.

Muskeln lassen sich jedoch in jedem Alter wieder trainieren und aufbauen, sogar noch mit 80 Jahren. Tatsächlich kann ein fit-

111

ter älterer Mensch sogar mehr und besser funktionierende Muskelmasse haben als ein 30-Jähriger, der sein Leben vorwiegend im Sitzen verbringt: Es liegt also an Ihnen, ob Sie sich mit dem Vorhandenen zufrieden geben – oder aber ob Sie mehr wollen. Abgesehen von diesen normalen Alterserscheinungen am Bewegungsapparat, die per se noch keine Beschwerden verursachen, gibt es aber einige Erkrankungen an Muskeln, Knochen und Gelenken, die mit zunehmendem Alter häufiger auftreten.

Rückenschmerzen

Rückenschmerzen sind ein weit verbreitetes Leiden in den hoch entwickelten Industriegesellschaften, in denen einerseits ein sitzender, bewegungsarmer Lebensstil gepflegt wird und andererseits ein hoher Stresspegel zum alltäglichen Leben gehört. Bewegungsunlust und Stress sind auch die wichtigsten Ursachen für Rückenschmerzen.

Eine wesentlich geringere Rolle spielen hingegen die natürlichen Abnutzungserscheinungen, die auf dem Röntgenbild an den Tag kommen und bislang als Ursache der Beschwerden gewertet wurden. Doch Rückenbeschwerden lassen sich nur gelegentlich auf Abnutzungserscheinungen zurückführen: So muss eine alte Dame, deren Wirbelsäule sich aufgrund von Osteoporose zu einem bizarren Buckel verformt hat, keineswegs an Schmerzen leiden. Natürlich können auch starke Veränderungen an den Knochen, die benachbarte Muskeln oder Nerven reizen, Ursache der Beschwerden sein. Dasselbe gilt für Bandscheibenvorfälle, die zunächst starke Schmerzen hervorrufen, die im weiteren Verlauf für gewöhnlich wieder abklingen.

In den meisten Fällen aber sind Muskelverspannungen an den Rückenbeschwerden schuld. Sie entstehen einmal dadurch, dass irgendwo an der Wirbelsäule oder an den benachbarten Nerven, Bändern und Gelenken ein Schmerz aufgetreten ist. Dieser Schmerz veranlasst die umgebende Muskulatur dazu, sich stark zusammenzuziehen, um den Körper von einer erneuten Bewegung abzuhalten, die vielleicht wieder Schmerzen hervorrufen und Schäden verursachen könnte. Diese »gute Absicht« der verspannten Muskeln wird jedoch dadurch sinnlos, da die Muskelverspannung selbst stark schmerzhaft ist und in einen Teufelskreis von Verspannung und Schmerz führt, wenn keine Abhilfe geleistet wird.

Der zweite wesentliche Mechanismus, der vielen Formen von Rückenschmerzen zugrunde liegt, ist Stress in allen Ausprägungen: Ärger, Anspannung, Termindruck, Ängste, Depressionen, ungelöste Konflikte, latente Aggressionen, unausgesprochene Gefühle und vieles mehr schlagen nicht nur auf den Magen, sondern führen bei jedem Menschen auch zu einer Anspannung der Muskeln. Dies ist bereits seit Jahrtausenden in unserem Verhaltensmuster angelegt.

Waren es in Urzeiten gefährliche Tiere und Naturgewalten, die uns in Stress versetzten, so sind es heute die unvermeidlichen Staus auf den Straßen, der Konkurrenzkampf im Beruf, Schwierigkeiten in Partnerschaft und Familie sowie zahlreiche andere Probleme, die zum Leben mehr oder weniger dazugehören.

Wenn der Urmensch plötzlich einem Tiger oder einem Bären gegenüberstand, war es sinnvoll, dass seine Muskeln sich anspannten, denn so war er dafür gerüstet, zu kämpfen oder aber die Flucht zu ergreifen. Heute ist diese Reaktion eher hinderlich, wenn es zum Beispiel Ärger mit dem Vorgesetzten oder Kollegen gibt, da Kampf und Flucht nicht zu den politisch korrekten Verhaltensweisen in der Arbeitswelt gehören. Ein solcher Stress würde sich vermutlich auch wieder von allein verlieren, gäbe es in der heutigen Zeit nicht die vielen kleinen Stress-Situationen, die sich allmählich aufschaukeln und den verspannten Muskeln schließlich gar keine Möglichkeit mehr zum Entspannen lassen. Wann diese verkrampften Muskeln zu schmerzen beginnen, ist dann nur noch eine Frage der Zeit.

Neben Stress und untrainierten Muskeln spielen auch eine schlechte Haltung und die immer gleiche Position, zum Beispiel das Sitzen vor einem Bildschirm, eine große Rolle bei der Entstehung von Rückenschmerzen. Leider ist von diesen ungünstigen

Faktoren nicht nur das Leben des Büroarbeiters, sondern auch das des Rentners geprägt, der dann zwar nicht mehr den ganzen Tag am Schreibtisch verweilt, aber häufig sitzend einem Hobby nachgeht und es sich ansonsten gern zu Hause auf der Couch bequem macht. Die Ausrede des Berufstätigen, aus Zeitmangel keinen Sport zu treiben, kann der Pensionist jedenfalls nicht mehr ins Feld führen. Und die Begründung, dass es jetzt ohnehin schon zu spät sei, sich etwas mehr zu bewegen, kann man nicht gelten lassen: Denn man kann sich und seinem Körper immer etwas Gutes tun, und jeder Zeitpunkt ist richtig, um anzufangen.

Wenn jedoch die Muskeln so stark verkrampft sind, dass man morgens kaum aus dem Bett kommt oder beinahe nicht mehr aus dem Auto aussteigen kann, dann wird es Zeit, den Arzt aufzusuchen. Er kann den Teufelskreis von Schmerz und Verspannung oft durch eine einfache Spritze mit einem schmerzlindernden und entzündungshemmenden Mittel durchbrechen. Lässt der Schmerz nämlich nach, so können auch die Muskeln wieder locker lassen. Je länger allerdings dieser Teufelskreis besteht, desto schwieriger kann sich die Behandlung gestalten.

Dann muss der Arzt meist noch weitere Therapiemaßnahmen einsetzen, bis die Schmerzen endlich nachlassen. Zusätzlich zur schmerzlindernden Behandlung wird der Arzt den Patienten entweder (in schweren und bereits chronischen Fällen) zu einem Krankengymnasten überweisen oder ihm (in leichteren Fällen) die Teilnahme an einem Kurs für Wirbelsäulengymnastik oder Rückenschule anraten, die in Sportvereinen, der örtlichen Volkshochschule und selbst in großen Firmen durchgeführt werden.

Wer darüber hinaus mit Ausgleichsgymnastik, Walking, Schwimmen, Radfahren, Tanzen, Inlineskating oder einer anderen für die Wirbelsäule günstigen Bewegungsform beginnt, kann die Schmerzen zumeist für immer vertreiben. Allerdings sollte man überwiegend stressbedingten Rückenschmerzen nicht nur durch ein gutes Maß an Bewegung vorbeugen, sondern ihnen auch durch ein ausgeglichenes Leben zwischen Anspannung und Entspannung die Grundlage entziehen. Nicht vergessen werden sollte auch, dass nicht nur Stress, sondern gelegentlich auch

Depressionen die Ursache von Rückenbeschwerden sind. Daran sollte man vor allem denken, wenn alle anderen Behandlungsmaßnahmen nicht helfen (siehe auch Seite 103ff.).

Sofort muss der Arzt aufgesucht werden, wenn nicht nur der Rücken wehtut, sondern auch die Sensibilität in einem oder beiden Beinen verändert ist oder gar Lähmungserscheinungen auftreten. Hier könnte ein Bandscheibenvorfall dabei sein, sensible oder motorische Nerven zu schädigen, sodass in einzelnen Fällen gelegentlich (aber nicht immer) eine Operation in Erwägung gezogen werden muss, um weitere Schäden zu vermeiden.

Übungen gegen Rückenbeschwerden
Lendenwirbelsäule

1. Entspannung: Wenn Sie Verspannungen im unteren Rücken spüren, legen Sie sich mit dem Rücken auf eine Matte oder auf den Teppichboden, winkeln die Hüft- und Kniegelenke jeweils in einem Winkel von 90 Grad ab und legen die Unterschenkel zum Beispiel auf die Sitzfläche der Wohnzimmercouch. Entspannen Sie Ihre Muskeln, atmen Sie in den schmerzhaften Bereich hinein und versuchen Sie, bei jedem Ausatmen die Muskeln etwas lockerer zu lassen. Strengen Sie sich dabei aber nicht an, sonst erreichen Sie genau das Gegenteil. Je öfter Sie üben, desto eher wird Ihnen die Entspannung gelingen.

2. Dehnung: Gehen Sie in den Vierfüßlerstand, stützen sie sich also auf Knie und Hände. Machen Sie nun – ohne große Anstrengung – einen flachen Rücken, so als ob Ihr Rücken als Tisch dienen müsse; gehen Sie dabei aber nicht ins Hohlkreuz (dann würde der Rücken nach unten »durchhängen«).

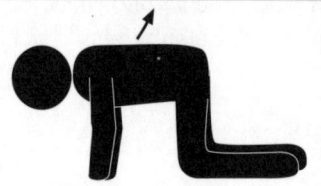 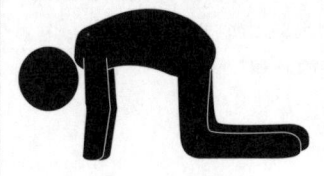

Der Kopf bleibt in einer Linie mit der geraden Wirbelsäule, die Augen schauen auf den Boden. Anschließend ziehen Sie das Kinn zur Brust und machen wie eine Katze einen runden Rücken. Bleiben Sie einige Sekunden in dieser Position und wechseln Sie immer wieder zwischen beiden Positionen ab. Lassen Sie Ihren Atem dabei frei fließen oder versuchen Sie ihn mit der Bewegung zu koppeln: Atmen Sie ein, wenn Sie den Rücken strecken, und atmen Sie aus, wenn Sie einen Katzenbuckel machen.

3. Kräftigung: Bleiben Sie im Vierfüßlerstand und strecken Sie abwechselnd den rechten und linken Arm waagerecht nach vorn. Verbinden Sie die Bewegung wieder mit der At-  mung. Strecken Sie anschließend jeweils das rechte oder linke Bein waagerecht nach hinten. Wenn Sie darin viel Übung haben, strecken Sie gleichzeitig den rechten Arm und das linke Bein vom Körper weg, pausieren danach einige Sekunden und strecken anschließend den linken Arm und das rechte Bein waagerecht vom Körper weg. Diese Übung ist auch sehr hilfreich bei Schwindel.

4. Bauchmuskeln: Trainieren Sie nie nur die Rückenmuskeln, sondern auch immer die Bauchmuskeln, die für eine aufrechte Haltung sorgen und einem Hohlkreuz entgegenwirken, das die Lendenwirbelsäule stark belastet. Übungen zum Bauchmuskeltraining finden Sie auf Seite 81.

5. Massage: Legen Sie sich auf den Rücken, umfassen Sie Ihre gebeugten Knie mit den Händen und bewegen Sie sich in dieser »Embryonalhaltung« leicht nach rechts und links, sodass die Muskulatur im Lendenwirbelsäulenbereich leicht massiert wird.

Brustwirbelsäule

1. Entspannung: Atmen Sie im Sitzen oder Liegen tief in den Brustkorb hinein und spüren Sie ganz bewusst, wie die Rippen sich heben und senken. Konzentrieren Sie sich dabei zunehmend auf die Ausatmung, während Sie das Einatmen ganz von allein geschehen lassen. Versuchen Sie, bei jedem Ausatmen die Brust- und Schultermuskeln weiter zu lockern.

2. Dehnung: Legen Sie sich bequem mit leicht angezogenen Beinen auf die Seite und strecken Sie Ihre Arme nach vorn aus. Führen Sie nun, wenn Sie auf der rechten Seite liegen, den linken Arm langsam nach oben und immer weiter nach hinten, sofern Ihnen diese Bewegung keine Beschwerden bereitet. Bei sehr »elastischen« Menschen oder nach längerem Üben kommt die Hand hinter dem Körper auf den Boden auf, ohne dass sich der Oberkörper mitbewegt. Drehen Sie dann auch den Oberkörper mit, so weit, wie es Ihnen gut tut. Verharren Sie etwa zehn Sekunden in der gedehnten Haltung (solange es Ihnen keine Beschwerden bereitet), drehen Sie dann den Oberkörper wieder in Seitenlage und führen Sie den Arm in die Ausgangsposition vor den Körper zurück. Ruhen Sie sich einen Moment aus und wiederholen Sie die Übung noch ein- oder zweimal. Drehen Sie sich dann auf die linke Körperseite und führen Sie den rechten Arm langsam nach oben und so weit wie möglich nach hinten; gehen Sie dann mit dem Oberkörper mit und kehren Sie nach einigen Sekunden Dehnung wieder in die Ausgangslage zurück. Vergessen Sie auch hier die Wiederholung(en) nicht.

3. Beweglichkeit: Falten Sie im Sitzen die Hände, drehen Sie dann die Handflächen nach außen (es sei denn, dies bereitet Ihnen Schwierigkeiten) und strecken Sie die Arme weit nach vorn. Lassen Sie gleichzeitig das Kinn auf den Brustkorb sinken und ziehen Sie das Brustbein nach hinten – dabei wird automatisch der Rücken rund. Atmen Sie bei diesen Bewegungen, die alle gleichzeitig erfolgen, langsam aus. Beim anschließenden Einatmen bewegen Sie das Brustbein wieder nach vorn, stre-

cken die Wirbelsäule, heben den Kopf und lassen die Arme mit den gefalteten Händen auf den Schoß sinken. Wiederholen Sie die Übung anfangs nur wenige Male, später etwa zehn Mal.

Halswirbelsäule

1. Entspannung: Setzen Sie sich gerade auf einen Stuhl oder Hocker, ziehen Sie beide Schultern mit jedem Einatmen maximal nach oben und lassen Sie sie anschließend mit jedem Ausatmen ein bisschen weiter nach unten fallen. Das gelingt Ihnen leichter, wenn Sie dabei die Augen schließen.
2. Dehnung: Senken Sie Ihr Kinn auf die Brust und spüren Sie die Dehnung in den hinteren Nackenmuskeln. Sie können die Dehnung noch verstärken, indem Sie beide Hände leicht auf den Hinterkopf legen, aber keinesfalls den Kopf nach unten drücken. Heben Sie den Kopf anschließend wieder und senken Sie das rechte Ohr zur rechten Schulter, ohne diese nach oben zu ziehen. Ziehen Sie anschließend den linken Arm weiter nach unten und spüren Sie die Dehnung in den linken Halsmuskeln. Lösen Sie danach zunächst die Spannung im linken Arm und bringen Sie dann den Kopf langsam in die

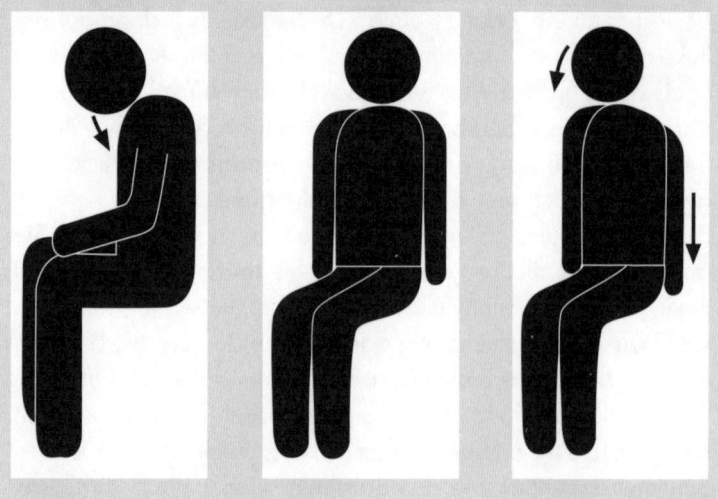

Ausgangsposition zurück. Führen Sie das linke Ohr nun zur linken Schulter und ziehen Sie anschließend den rechten Arm nach unten. Spüren Sie die Dehnung in den rechten Halsmuskeln und lassen Sie anschließend wieder langsam locker.

3. Beweglichkeit: Malen Sie ohne Anstrengung im Sitzen mit der Nasenspitze kleine Kreise in die Luft und bewegen Sie dabei den Kopf erst nach links und dann nach rechts (oder umgekehrt). Führen Sie dann mit dem Kinn eine kreisende Bewegung durch, so als wollten Sie einen Tellerrand damit abwischen; ändern Sie die Richtung nach einigen Malen. Schieben Sie nun das Kinn weit nach vorn und ziehen Sie den Kopf wieder zurück, als wollten Sie ein Doppelkinn machen. Wiederholen Sie alle Bewegungen mehrere Male.

Schütteln Sie am Schluss der Übungsserie Beine und Arme durch, rekeln und strecken Sie sich und stehen Sie mit geradem Rücken auf.

Arthrose

Die Übergänge zwischen den alterstypischen Veränderungen in den Gelenken und einer Beschwerden bereitenden Arthrose sind fließend. Aber eine Arthrose ist weniger eine Folge natürlicher Abnutzungserscheinungen als vielmehr verursacht durch Verletzungen (besonders im Leistungssport), falsche und übermäßige Belastung (hauptsächlich Übergewicht), anatomische Fehlstellungen (zum Beispiel O- und X-Beine) sowie Gelenkentzündungen oder Gelenkerkrankungen in der Jugend. So sind zwei Drittel aller Kniegelenksarthrosen als Folgen von Verletzungen, insbesondere Meniskusschäden, anzusehen.

Da sich Arthrosen langsam entwickeln, treten sie bevorzugt nach dem 40. Lebensjahr und oft noch später auf. Nach schweren Gelenkverletzungen kann sich eine Arthrose aber auch sehr schnell ausbilden. Doch Arthrosen sind kein unausweichliches Schicksal, dem man mit zunehmendem Alter hilflos ausgeliefert ist.

Wie bei den meisten Krankheiten, die im Alter gehäuft auftreten, handelt es sich bei der Arthrose nicht um eine Alterskrankheit; man kann ihr vielmehr durchaus mit einer gesunden Lebensweise vorbeugen, also durch eine ausgewogene, vielseitige Ernährung, die Vermeidung von Übergewicht und regelmäßige Bewegung. In der Jugend ist letztlich alles erlaubt, was Muskeln, Knochen und Bänder kräftigt. Allerdings können riskante Sportarten, die mit einer hohen Verletzungsgefahr einhergehen, den Gelenken eher Schäden zufügen als dazu beizutragen, die Gelenkfunktion lange aufrechtzuerhalten.

Dazu gehören vor allem Fußball, Hockey, Hallenballspiele, alpines Skifahren und die meisten Hochleistungssportarten, wenn sie über längere Zeit betrieben werden. Dagegen ist nahezu jede Form von Ausdauertraining günstig für die Gelenke, die am häufigsten von einer Arthrose betroffen werden, nämlich Hüft-, Knie- und Sprunggelenke. Wandern, Walking, Joggen, Radfahren, Gymnastik, Schwimmen, Inlineskating und Tanzen eignen sich zum Beispiel hervorragend dazu, die gesunden Gelenke vor einer Arthrose zu schützen, und können auch dann noch durchgeführt werden, wenn bereits eine Arthrose besteht.

Auf keinen Fall sollte man das von einer Arthrose betroffene Gelenk peinlich schonen. Im Gegenteil: Zwar darf man arthrotische Gelenke nicht stark belasten, dafür aber muss man sie umso mehr bewegen. Lediglich dann, wenn ein Gelenk sich stark entzündet hat, wenn aus einer ruhenden eine aktivierte Arthrose mit Rötung, Schwellung und starken Schmerzen geworden ist, muss das Gelenk einige Tage ruhig gestellt werden. Sobald die Entzündung abklingt, ist jedoch wieder Bewegung angezeigt. Wie wichtig Bewegung für ein arthrotisches Gelenk ist, kann man daran erkennen, dass eine solche aktivierte Arthrose durch längere Inaktivität, zum Beispiel bei einer mehrstündigen Autofahrt, ausgelöst werden kann.

Selbst bei einer recht fortgeschrittenen Arthrose sollte man die betroffenen Gelenke regelmäßig durchbewegen, entweder nach Anleitung eines Krankengymnasten, unter dem Auftrieb von (warmem) Wasser im Schwimmbad oder auf dem (Stand-)Fahrrad, insbesondere wenn es sich um eine Kniearthrose handelt. Ist dies nicht mehr möglich, wird der Bewegungsradius durch die Arthrose extrem eingeschränkt oder spürt man ständig Schmerzen, so wird es Zeit, über einen künstlichen Gelenkersatz nachzudenken.

Osteoporose

Als Osteoporose bezeichnet man eine Verminderung der Knochenmasse und Veränderungen des Knochenaufbaus, die zu einer erhöhten Knochenbrüchigkeit führen. Am häufigsten tritt die Osteoporose bei Frauen nach den Wechseljahren auf, Männer sind meist erst nach dem 70. Lebensjahr von dieser Krankheit betroffen. Fast jede dritte Frau entwickelt nach der Menopause einen so starken Knochenschwund, dass sie davon bedroht ist, einen Knochenbruch zu erleiden. Dabei können einerseits ohne Gewalteinwirkung von außen Wirbelkörper in der Wirbelsäule in sich zusammenbrechen, was sehr schmerzhaft ist sowie zu einer Abnahme der Körpergröße und der Ausbildung eines Rundrückens führen kann, der im Volksmund wenig charmant als Witwenbuckel bezeichnet wird. Andererseits können auch die Knochen der Gliedmaßen brechen – vor allem die Oberschenkelhalsfraktur ist eine gefürchtete Folge der Osteoporose. Oft ist hier ein kleiner Sturz die Ursache, und gelegentlich brechen auch diese Knochen ohne jegliche Einwirkung von außen. Es sind zwar einige Medikamente gegen Osteoporose auf dem Markt, jedoch fehlt bisher der überzeugende Nachweis eines therapeutischen Nutzens.

Demgegenüber steht die Möglichkeit, der Krankheit vorzubeugen. Wie so oft spielen hier die beiden Faktoren Ernährung und Bewegung die wichtigsten Rollen. Allerdings müssen insbesondere Frauen mit dieser Vorbeugung schon von Kindesbeinen an beginnen, denn in Kindheit und Jugend baut sich die maximale Knochenmasse auf, die im mittleren Erwachsenenalter dann weitgehend gleich bleibt, um in den Wechseljahren stetig abzunehmen. Es leuchtet ein, dass die Gefahr einer Osteoporose umso geringer ist, je mehr Knochenmasse in der Jugend aufgebaut werden konnte.

Einmal mehr wirken hier regelmäßige Bewegung und kalziumreiche Ernährung wahre Wunder; aber auch Vitamin D trägt dazu bei, dass genügend Kalzium in die Knochen eingelagert wird und sie festigt und kräftigt. Vitamin D ist in Fisch enthalten, in geringeren Mengen auch in Fleisch, Eigelb, Milch und Avocados. Der Körper kann auch selbst Vitamin D herstellen, vorausgesetzt, er bekommt genügend Tageslicht ab. Deshalb wird zur Bildung einer hohen Knochenmasse in der Jugend – und auch später noch zur Behandlung der Osteoporose – viel Bewegung im Freien empfohlen.

Frauen, die in Altenheimen leben und so gut wie nie an die frische Luft kommen, sollten grundsätzlich mit einem Vitamin-D-Präparat behandelt werden.

Bei einer ausgewogenen Mischkost wird dem Körper in der Regel genügend Kalzium zugeführt. Dieser Mineralstoff ist reichlich in Milch und Milchprodukten enthalten, die zudem wichtige Eiweißlieferanten sind. Wer allerdings eine Milcheiweißallergie hat oder aufgrund einer Laktoseintoleranz Milch nicht verträgt, muss auf andere Kalziumquellen zurückgreifen, wie zum Beispiel grünes Gemüse, Obstsaft und kalziumreiches Mineralwasser.

Kalziumreiche Nahrungsmittel

- (Fettarme) Milch und Milchprodukte
- Käse, vor allem Hartkäse
- grünes Gemüse, besonders Brokkoli, Grünkohl, Fenchel und Lauch
- mit Kalzium angereicherte Fruchtsäfte
- kalziumreiches Mineralwasser (> 150 mg Kalzium/l)

Nahrungsmittel, die die Kalziumaufnahme verringern

- Oxalsäurehaltige Lebensmittel, etwa Mangold, Spinat, Rhabarber, Rote Bete und Kakao
- Vitamin-C-Zusatzpräparate
- Kleie und konzentrierte Ballaststoffe
- rohes Getreide

Wer sich vor Osteoporose schützen möchte, sollte generell alle Risikofaktoren reduzieren, wozu vor allem Rauchen, wiederholte Diäten, Unter- und Übergewicht, aber auch extremer Kaffeekonsum und die längerfristige Behandlung mit Kortison und Heparin gehören. Wer seinen täglichen Kalziumbedarf von 1000 bis 1500 Milligramm nicht allein durch die Nahrung decken kann, sollte Kalziumtabletten einnehmen – und zwar über den ganzen Tag verteilt und vor allem noch einmal am Abend, um dem nächtlichen Knochenabbau entgegenzuwirken.

Daneben schützt auch die Einnahme von Östrogenen vor Osteoporose in den Wechseljahren. Allerdings steigt das Risiko einer Brustkrebserkrankung mit zunehmender Dauer der Hormontherapie geringgradig an, sodass diese vorbeugende Maßnahme durchaus auch ihre Kritiker hat. Außerdem gleicht sich die Knochendichte nach dem Absetzen der Hormonpräparate nach einiger Zeit wieder derjenigen vor der Therapie an. Nicht zuletzt empfinden es viele Frauen als störend, dass sie unter der Hormonbehandlung weiterhin jeden Monat eine Regelblutung in Kauf nehmen müssen. *Für* die Behandlung spricht andererseits, dass die Hormone auch zahlreiche unangenehme Beschwerden wie Hitzewallungen, Schweißausbrüche und trockene Schleimhäute lindern.

Wer an chronischen Schmerzen aufgrund einer Osteoporose leidet, zieht sich aus Furcht, sich durch kleine Verletzungen einen Knochenbruch zuzuziehen, immer mehr aus dem sozialen Leben zurück und wird außerdem immer unbeweglicher. Gerade dies ist aber grundverkehrt, denn Bewegungsmangel verschlimmert noch den Knochenabbau, verringert die Koordinationsfähigkeit und erhöht die Gefahr von Stürzen. Einsamkeit und Angst wiederum können die Schmerzen weiter verschlimmern.

Deshalb sollte jeder Osteoporosepatient zunächst einmal zusammen mit dem Arzt eine Möglichkeit suchen, wie die Schmerzen gelindert werden können und die Bruchgefahr der Knochen mit Hilfe von Medikamenten oder zum Beispiel einem Hüftschutz zu minimieren ist. Als nächster Schritt bietet sich ein Bewegungstraining an, das auch die Koordination schult. Solche Kurse veranstalten Volkshochschulen oder private Gesundheitsinstitute, gelegentlich sogar Sportvereine. Eine individuelle Bewegungsschulung führen auch spezialisierte Krankengymnasten durch. Verschiedene Techniken der Schmerzbewältigung (siehe Seite 130ff.) können – neben der medikamentösen Schmerztherapie – ebenfalls sehr hilfreich sein.

Vom Umgang mit Krankheiten

Falls Sie sich durch die Fülle der »drohenden« körperlichen Veränderungen und Krankheiten in der zweiten Lebenshälfte doch ein wenig verunsichert fühlen, so sollten Sie bedenken, dass das Älterwerden ein natürlicher Prozess ist, der interessante und durch nichts aufzuwiegende Erfahrungen mit sich bringt. Keinesfalls aber ist das Altern per se schon gleichzusetzen mit einem krankhaften Zustand oder einem medizinischen Problem.

Außerdem sollte klar geworden sein, dass die meisten der dargestellten Krankheiten keine unausweichliche Folge des Alters sind, sondern das Resultat einer über längere Zeit »kultivierten« ungesunden Lebensweise. Es geht hier jedoch beileibe nicht darum, Schuldgefühle bei denjenigen zu erzeugen, die diese Fehler begangen haben, und sie mit ihren Beschwerden und Ängsten allein zu lassen. Vielmehr ist es nie zu spät, auch in der zweiten Lebenshälfte damit zu beginnen, dem Körper durch eine angemessene Lebensweise mehr Achtung zu erweisen und ihn bis ins hohe Alter gesund zu erhalten.

Dennoch müssen schon viele jüngere Menschen mit chronischen Gesundheitsstörungen leben, und bei den älteren steigt die Zahl noch. Wie sehr ein Mensch aber durch eine Krankheit beeinträchtigt wird, hängt in hohem Maße von seiner Einstellung gegenüber dem Kranksein ab. Wer daran arbeitet, kann nicht zuletzt besser mit seinen gesundheitlichen Beeinträchtigungen leben.

Die Krankheit annehmen

Wer feststellen muss, dass die Kniegelenke immer häufiger schmerzen, die Länge der Arme nicht mehr ausreicht, um die Zeitungsartikel zu entziffern, oder sich immer öfter ein viel zu hoher Blutdruckwert einstellt, wird darüber verständlicherweise alles andere als erfreut sein. In den meisten Menschen geht dann dasselbe vor. Nach dem ersten Schock wird die Krankheit geleugnet:

»Das kann gar nicht sein, der Arzt muss sich getäuscht haben«, oder »Es geht mir doch schon wieder gut«. Danach folgt eine Phase der Wut und des Zorns, in der viele die Schuld an ihrer Erkrankung anderen zuschieben. Im Anschluss daran hadern die Betroffenen mit dem Schicksal und fragen »Warum gerade ich?«. Nun kommt es zu Trauer und Depression bis hin zur totalen Verzweiflung über eine chronische Krankheit, die in den Selbstmord münden kann. Diese Phase ist daher natürlich besonders gefährlich – auch deshalb, weil sich jetzt viele Kranke zurückziehen und still über ihr schreckliches Schicksal nachgrübeln.

Diese Phasen der Krankheitsbewältigung durchläuft fast jeder Mensch, der sich mit einer neu entdeckten schweren oder chronischen Erkrankung abfinden muss. Normalerweise endet die Bewältigung damit, dass der Betroffene seine Krankheit annimmt und aktiv nach Möglichkeiten sucht, mit ihr ein weitgehend angenehmes Leben zu führen. Wer jedoch in einer der vorangehenden Phasen stecken bleibt, wird trotz der Krankheit nie zu einem zufriedenen Leben finden. In diesen Fällen kann Unterstützung durch den Arzt, die Familie oder den Bekanntenkreis den Betroffenen dennoch in die richtige Richtung leiten – allerdings muss er schon selbst die Arbeit leisten, die Krankheit anzunehmen und sich aus Verleugnung, Schuldzuweisungen und Depressionen herauszuwinden.

Eine chronische Krankheit anzunehmen, ist die einzige Möglichkeit, mit ihr zu leben und sie auch richtig zu behandeln. So kann man beispielsweise sehr gut mit einer Kniegelenksarthrose leben, wenn man das Knie vor übermäßiger Belastung schützt, es aber regelmäßig bewegt und bei Komplikationen zusammen mit dem Arzt eine wirksame Behandlung durchführt. Das Akzeptieren einer Krankheit bedeutet nicht passives, leidendes und ausgeliefertes Hinnehmen, sondern vielmehr einen aktiven Umgang mit ihr. Das gelingt vor allem dann, wenn man sich bewusst macht, dass der »Rest« des Körpers und des Lebens weiterhin »heil« sind und ein hohes Maß an Lebensfreude ermöglichen.

Falls Sie also – um bei dem Beispiel zu bleiben – an einer Kniegelenksarthrose leiden, dann denken Sie einmal darüber nach, wie viele andere Gelenke in Ihrem Körper Ihnen keine Beschwerden bereiten, sondern Ihnen viel Bewegungsspielraum lassen und damit mindestens so viel Aufmerksamkeit verdienen wie Ihr krankes Knie.

Information macht unabhängig

Wer an einer chronischen Krankheit leidet, sollte sich zunächst bestmöglich darüber informieren. Forschen Sie nach, auf welche Weise Ihre Krankheit entsteht, welche Symptome auf welche Komplikation hinweisen können, lernen Sie alle verfügbaren Behandlungsmöglichkeiten kennen und suchen Sie sich einen Arzt, mit dem Sie die Krankheit partnerschaftlich in den Griff bekommen. Je mehr Sie wissen, desto unabhängiger werden Sie von anderen Menschen und desto freier können Sie mit der Krankheit leben.

So wird etwa bei vielen Menschen der Typ-2-Diabetes jahrelang mit Medikamenten behandelt, die jedoch eines Tages ihre Wirksamkeit verlieren – eine natürliche Folge des Krankheitsverlaufs. Zu diesem Zeitpunkt muss eine (zusätzliche) Behandlung mit Insulin begonnen werden. Wer sich rechtzeitig zuvor darüber informiert hat, welch vielfältige Möglichkeiten der Insulinbehandlung es gibt, kann sich kompetent für die entscheiden, die seinem Lebensstil am besten angpasst ist. Ein uninformierter Patient hingegen kann unter den Vorschlägen, die der Arzt ihm macht, nicht sachkundig den für ihn richtigen auswählen. Und auch auf kleinere Komplikationen – etwa einen ungewöhnlichen Anstieg des Blutzuckers oder eine beginnende Unterzuckerung – kann der »Experte« selbstständig reagieren, während andere Patienten sich immer an einen Arzt wenden müssen.

Zudem können Selbsthilfegruppen dazu beitragen, dass Sie als Patient nicht nur eine Menge über Ihre Krankheit erfahren, sondern auch von anderen Betroffenen lernen, wie gut man mit diesem »Manko« umgehen kann. Umgekehrt ist es eine hilfreiche Erfahrung, andere bei der Bewältigung ihrer Krankheit zu begleiten und ihnen Tipps und Unterstützung zu geben. Und wenn es in Ihrer Nähe keine Selbsthilfegruppe gibt, dann gründen Sie zusammen mit anderen Betroffenen doch einfach selbst eine!

Bewältigung von lebensverkürzenden Krankheiten

Die Diagnose einer Krankheit, die möglicherweise die Lebensdauer verkürzt, ist meist mit Angst, Unsicherheit und Depression verbunden. Diese Gefühle sind ganz »normale« Begleiterscheinungen so schwerer Krankheiten wie Krebs, Herzinfarkt oder Schlaganfall. Allerdings können diese Gefühle selbst wieder krank machen und neue Symptome hervorrufen, die dann fälschlicherweise mit der Grundkrankheit in Verbindung gebracht und möglicherweise als ein Zeichen für deren Verschlimmerung gewertet werden. So verursacht Angst beispielsweise Unruhe, Nervosität, schmerzhafte Muskelverspannungen, Kopfschmerzen, Herzklopfen, Schwindel und Schlafstörungen. Deshalb ist es wichtig, die Angst einigermaßen im Zaum zu halten, damit Sie Ihr Leben nicht zu großen Beschränkungen unterwerfen und sich von der Angst beherrschen lassen.

Erforschen Sie, ob die Beschwerden, die Sie gerade haben, durch die Krankheit oder die Angst vor der Krankheit hervorgerufen wurden. Wenn sie vor allem durch die Angst bedingt sind, dann gehen Sie den Inhalten Ihrer Angst auf den Grund: Welche Gedanken sind mit der Angst verbunden? Schreiben Sie sie auf und überprüfen Sie sie auf ihren Wahrheitsgehalt. Oft sind die Befürchtungen, die mit dem unangenehmen Gefühl der Angst und Panik einhergehen, sehr weit von der Realität entfernt – zum Beispiel: »Ich fürchte, dass ich gleich sterben muss.«

Versuchen Sie nun, durch ruhiges Atmen oder andere Entspannungsmethoden ruhiger zu werden, und korrigieren Sie diese automatisch ablaufenden Gedanken, die Ihre Ängste schüren. Machen Sie sich klar, dass Sie jetzt in diesem Moment leben und dies wahrscheinlich auch im nächsten Moment noch so sein wird, auch wenn kein Menschen sicher weiß, wann er sterben muss. Machen Sie sich diese unbewussten und äußerst selbstzerstörerischen Gedanken bewusst und ersetzen Sie sie durch eine realistische Einschätzung Ihrer Situation.

Auch die ängstliche Beobachtung und falsche Bewertung von körperlichen Veränderungen als Krankheitssymptome sollten Sie durch den Gedanken ersetzen, dass ein so kompliziertes System wie der menschliche Körper ständig in Veränderung begriffen ist und dass zahlreiche »Zipperlein« zum Leben auch des gesunden Menschen gehören. Dasselbe gilt für depressive, pessimistische Gedanken, die keineswegs die Realität widerspiegeln, sondern nur eine hoffnungslose, bedrückende *Interpretation* der Realität. Beobachten Sie auch hier Ihre Gedanken und schreiben Sie am besten jene sofort auf, die Sie wieder einmal in eine sehr traurige Stimmung bringen. Formulieren Sie stattdessen düstere Gedanken – etwa »Ich schaffe das alles nicht mehr!« – um und geben Sie ihnen einen neuen, realistischeren und auch sinnvolleren Anstrich. Sagen Sie sich: »Ich bin gerade sehr niedergeschlagen, aber ich weiß, dass diese Phase wieder vorübergeht. Und dann kann ich mit neuem Elan das in Angriff nehmen, was ich schaffen möchte.«

Wichtige unterstützende Maßnahmen, um Ängste und Depressionen zu überwinden oder zumindest zu lindern, sind Kontakte zu anderen Menschen, Aktivitäten aller Art, Arbeit und Engagement, sowie immer wieder der Blick auf die positiven Seiten des Lebens, die auch im Dasein jedes Kranken existieren. Die wesentliche mentale Voraussetzung, mit lebensbegrenzenden Erkrankungen fertig zu werden, ist die Rückbesinnung auf die Tatsache, dass wir tatsächlich nur über den Augenblick verfügen können, in dem wir gerade leben. Alles andere ist ungewiss – für den Kranken genauso wie für den Gesunden. Sprechen Sie aber unbedingt mit Ihrem Arzt darüber, wenn Sie Ihre Ängste und Depressionen allein nicht in den Griff bekommen, sodass sie übermächtig zu werden drohen.

Methoden der Schmerzbewältigung

Viele Krankheiten – insbesondere die des Bewegungsapparates – gehen mit immer wiederkehrenden oder ständigen Schmerzen einher. Diese aber können die Lebensqualität erheblich herabsetzen und dem Betroffenen jegliche Lebensfreude nehmen; nicht wenige Menschen mit chronischen Schmerzen nehmen sich sogar das Leben, weil sie das ständige Leiden nicht mehr ertragen können. Schuld daran ist unter anderem auch, dass viel zu wenige Schmerzpatienten eine adäquate medikamentöse Schmerzbehandlung erhalten. Auch wissen viele von ihnen nicht, dass es starke Schmerzmittel gibt, die nicht nur bei fortgeschrittenen Krebserkrankungen Linderung verschaffen, sondern auch bei chronischen Rückenschmerzen oder Knochenschmerzen aufgrund einer Osteoporose.

Heftige und chronische Schmerzen aller Arzt dürfen und sollen mit entsprechend starken Schmerzmitteln behandelt werden, wenn alle anderen Maßnahmen keine Erleichterung bringen: Denn die medikamentöse Behandlung mit Opiaten ist nicht gefährlich und ruft bei diesem Personenkreis auch so gut wie nie eine Abhängigkeit hervor. Allerdings muss man einigen Nebenwirkungen – wie zum Beispiel Verstopfung – von Anfang an vorbeugen und sich sehr vorsichtig an die richtige Dosis herantasten. Deshalb ist es sinnvoll, diese Behandlung bei speziellen Schmerztherapeuten oder in Schmerzambulanzen durchzuführen, deren Zahl stetig wächst.

Doch auch Sie selbst können dazu beitragen, besser mit chronischen Schmerzen zu leben, indem Sie sich zum Beispiel durch die Schmerzen nicht in die Passivität drängen lassen, sondern aktiv bleiben. Dabei kann bereits regelmäßige körperliche Bewegung deutlich zur Linderung beitragen. Durch diese Aktivität wird die Schmerzschwelle heraufgesetzt, sodass Sie die Schmerzen nun in geringerer Intensität wahrnehmen.

Setzen Sie außerdem Ihre Vorstellungskraft ein, um sich vom Schmerz abzulenken und stattdessen auf andere Dinge zu konzentrieren, die Sie generell nicht mit Schmerzen in Verbindung bringen. Entspannen Sie sich dabei zunächst, indem Sie Ihre Aufmerksamkeit zum Beispiel auf Ihre Atmung lenken (siehe Seite 149) oder die Progressive Muskelentspannung anwenden, die Sie in Kursen lernen können.

Visualisierung zur Schmerzbewältigung

Konzentrieren Sie sich auf den schmerzhaften Bereich in Ihrem Körper und ziehen Sie in Gedanken eine Linie um dieses Gebiet. Malen Sie diesen Bereich nun mit der Farbe aus, die Ihrer Meinung nach den Schmerzen am besten entspricht, wie zum Beispiel einem kräftigen, dunklen Rot. Lassen Sie danach die Farbe immer blasser werden und schließlich ganz verschwinden oder verwandeln Sie sie immer mehr in ein strahlendes, frisches und kühlendes Grün. Lassen Sie dann in Ihren Gedanken den gezeichneten Umriss um die Schmerzen immer kleiner werden, bis er zu einem Punkt zusammenschrumpft, der zum Schluss ganz verschwindet.

Eine weitere erfolgreiche Methode, die Intensität von Schmerzen zu verringern, ist die Schmerzskala: Stellen Sie sich eine Skala von eins bis zehn vor, wobei eins keine und zehn sehr starke Schmerzen bedeutet. Markieren Sie auf dieser Skala (in Gedanken) die Zahl, die die Stärke Ihrer Schmerzen im Augenblick widerspiegelt. Gehen Sie dann die Skala langsam von Zahl zu Zahl zurück, bis Sie bei eins angelangt sind. Spüren Sie dabei deutlich, wie auch Ihre Schmerzen immer weniger werden.

Auch wenn diese Übungen Sie anfangs etwas sonderlich anmuten und sich auch nicht gleich der gewünschte Erfolg einstellt, könnte sich nach einigen Wiederholungen Ihr Befinden deutlich bessern. Wichtig ist auch, dass Sie sich nicht ausschließlich von der Empfindung der Schmerzen leiten lassen, sondern alle übrigen Sinne nutzen, die Ihnen statt der Schmerzen angenehme Empfindungen vermitteln. Betrachten Sie im Frühling ganz intensiv die ersten Gänseblümchen auf den Wiesen und die dicken hellgrünen Knospen der Blätter an Büschen und Bäumen. Riechen

Sie im Herbst den Geruch des herabgefallenen Laubes im Regen oder spüren Sie in Ihrer Nase, wenn im Winter Schnee »in der Luft« liegt. Hören Sie ganz bewusst ein Musikstück an, das Sie schon immer als sehr fröhlich oder beruhigend empfunden haben. Und lassen Sie auch Ihre Geschmacksnerven ab und zu auf ihre Kosten kommen.

Schulen sie all Ihre Sinne und steigern Sie Ihre Genussfähigkeit. Lernen Sie, die kleinen Dinge des Alltags wahrzunehmen und sich an ihnen zu erfreuen. Verschieben Sie das Vorhaben, bewusster zu leben und zu genießen, nicht auf morgen oder irgendwann, wenn Sie meinen, dazu Zeit zu haben. Diese Zeit kommt nicht von allein zu Ihnen – Sie müssen sie sich nehmen, und zwar jeden Tag aufs Neue. Planen Sie diese Zeit täglich ein – vielleicht notieren Sie sich diesen »Termin« sogar in Ihrem Terminkalender. Angenehme Erlebnisse und Gefühle geben Ihnen Kraft, mit chronischen Schmerzen besser zu leben und all die Dinge zu tun, mit denen Sie zusätzlich den Krankheitsverlauf positiv beeinflussen und Beschwerden lindern können.

Gesund bleiben bis ins hohe Alter

Ein hohes Alter erreichen möchten die meisten Menschen – aber nur dann, wenn sie es auch bei guter Gesundheit und mit vollem Bewusstsein genießen können. Damit dies gelingt, sind einerseits günstige Erbanlagen von Vorteil – denn die Kinder alt gewordener Eltern haben die besten Aussichten, ebenfalls alt zu werden. Neben diesem Faktor, den man nicht herbeizaubern kann, liegt es aber auch am Verhalten jedes Menschen, wie gesund er im Alter sein wird. Es sind dazu keine Jungbrunnen nötig, keine strengen Ernährungsvorschriften, keine bizarren Lebensweisen und vor allem keine Entsagungen; auch gibt es kein Kraut, das ewige Gesundheit verheißt, ebenso wenig wie wirksame moderne Anti-Aging-Verfahren oder Medikamente, mit denen man sich seine jugendliche Fitness bis ins hohe Alter konservieren kann.

Es sind vielmehr ganz einfache Dinge, die den Menschen von der Kindheit bis zum Greisenalter gesund und lebensfroh erhalten. Dazu gehören Aktivitäten in jeglicher Form, angefangen bei körperlicher Bewegung über geistige Herausforderungen bis hin zu sozialem Engagement – ebenso aber auch eine positive, aufgeschlossene Grundhaltung gegenüber dem Leben, anderen Lebewesen und der Natur schlechthin, die Grundlage jeglichen Lebens ist. Auch die Ernährung bildet sicher eine wichtige Voraussetzung für Gesundheit oder Krankheit – allerdings sind Ernährungsfehler und Gewichtsprobleme oft bereits die Folge eines Ungleichgewichts im Leben und nicht deren Ursache.

Bewegung macht Spaß

Viele Menschen stellen die Frage nach dem Sinn des Lebens, finden darauf aber keine Antwort. Wenn man die Frage jedoch umformuliert und nach dem Hauptmerkmal alles Lebendigen forscht, macht man unweigerlich die Beobachtung, dass alles, was lebt, sich bewegt und sich ständig weiterentwickelt. Ohne Bewegung und Veränderung ist Leben nämlich nicht denkbar.

Auch der moderne westliche Mensch bewegt sich hin und wieder, wenn er zum Beispiel vom Bürostuhl zum Fahrstuhl und von dort zu seinem Auto läuft, und dann von der Garage zum Abendbrottisch. Natürlich bewegt auch dieser Mensch eine ganze Menge: Die Ideen, die sein Kopf tagtäglich hervorbringt, sind oft erstaunlich. Dennoch besteht zwischen der Kopfleistung und der Unterforderung seines Körpers eine starke Diskrepanz, die leider oft erst spät erkannt wird – nämlich dann, wenn sich der respektlos als Nebensache betrachtete Körper mit Schmerzen oder Krankheiten gegen diese Behandlung zur Wehr setzt.

Einige Zeitgenossen pflegen die körperliche Bewegung aus Spaß daran, andere im Gruppenspiel zu besiegen oder im direkten Leistungsvergleich zu übertrumpfen. Andere wiederum wissen um die gesundheitsfördernden Wirkungen von Bewegung und Sport und halten sich aus diesem Grund mehr oder weniger verbissen an einen Trainingsplan. Die wenigsten Menschen aber betrachten ihren Körper als Freund und Verbündeten, als einen Teil ihrer Ganzheitlichkeit – oder, wie die Buddhisten sagen: als Tempel, in dem das Leben sein Zuhause hat.

Kinder haben noch ein sehr inniges Verhältnis zu ihrem Körper; sie finden Spaß an der Bewegung und kosten jede neue Erfahrung mit Wonne aus – bis man sie dazu zwingt, mehrere Stunden am Tag ruhig zu sitzen und ihre ganze Aufmerksamkeit nun dem Kopf zu widmen, der zuhören, rechnen und schreiben lernen muss (was übrigens auch sehr schöne Dinge sind). Danach allerdings tollen sie wieder herum und geben ihrem Körper den Raum, den er braucht. Bis zum Erwachsenenalter schwindet dieser Spieltrieb jedoch mehr und mehr oder wird in Sportvereinen, Fitnessclubs oder auf Skipisten in gesellschaftlich akzeptable Bahnen gelenkt.

Wenn Sie jedoch, insbesondere als Mensch, der gern sitzt, liegt und faulenzt, wieder Freude an der Bewegung empfinden wollen, dann gelingt Ihnen das am besten, wenn Sie Ihren Körper als neu gewonnenen Freund betrachten, den Sie erst einmal genau kennen lernen sollten. Sie werden erstaunt darüber sein, was er Ihnen zu bieten hat. Wenn Sie ihn zunächst mit angenehmen Bewegungen verwöhnen, seine Leichtigkeit und Schönheit entdecken und später an seiner Kraft und Ausdauer Gefallen finden, dann wird er sich als Ihr treuer Freund erweisen.

Am Anfang fällt es einigen Menschen schwer, ein Gefühl für ihren Körper zu entwickeln – insbesondere dann, wenn sie ihn jahre- oder jahrzehntelang völlig vernachlässigt hatten. Aber es ist nie zu spät, dieses Abenteuer zu wagen, um das Vertrauen in den Körper zurückzugewinnen und durch ihn mehr Bewegung ins Leben zu bringen. Sie werden dabei auch die Feststellung machen, dass es nicht oder nur in seltenen Ausnahmefällen nötig ist, auf Wunderpillen und Stärkungsmittel zurückzugreifen, um sich wohl zu fühlen und die Gesundheit zu stärken. Es ist alles bereits in Ihnen vorhanden, Sie müssen Ihre verschütteten Kräfte nur wieder aktivieren

Machen Sie einfach einen Anfang, am besten schon morgen. Verabreden Sie sich mit Ihrem Körper und gehen Sie eine Runde spazieren. Spüren Sie die Bewegungen Ihrer Beine und Füße, gehen Sie ganz bewusst, lassen Sie die Arme zur Bewegung der Beine schwingen und fühlen Sie, wie sich sanft auch Ihre Wirbelsäule bei jedem Schritt mitbewegt. Genießen Sie diese Fähigkeit, laufen zu können. Schieben Sie die Gedanken, die sich während Ihres kleinen Spaziergangs immer wieder in Ihren Kopf drängen wollen, einfach beiseite, lassen Sie sie vorüberziehen und bleiben Sie mit Ihrer Achtsamkeit bei Ihren Bewegungen. Sie haben sie vermutlich seit Jahren nicht mehr wahrgenommen.

Spüren Sie dann, wie Ihr Atem sich vertieft, wenn Sie etwas strammer gehen, wie Sie mit jedem Einatmen den Körper mit frischer Energie anfüllen und beim Ausatmen alles Verbrauchte abgeben. Lernen Sie Ihren Körper bei verschiedenen Bewegungen kennen, beim Treppensteigen, bei einem kurzen Sprint und vielleicht eines Tages bei der einen oder anderen Sportart, die Ihnen gefallen könnte. Bleiben Sie immer eine Weile dabei, wenn Sie sich für eine Bewegungsform entschieden haben, denn die alte Haltung der Bequemlichkeit wird hartnäckig versuchen, immer wieder zurückzukehren und die neuen interessanten Erfahrungen in den Hintergrund zu drängen. Erst wenn Ihnen die gewählte Bewegungsart nach einigen Wochen tatsächlich mehr Verdruss als Freude verursacht, probieren Sie eine neue aus.

All das soll natürlich nicht in Zwang ausarten – gönnen Sie daher auch immer wieder dem bequemlichen Teil Ihrer Persönlichkeit ein wenig Aufmerksamkeit (die Betonung liegt wohlgemerkt auf »ein wenig«). Letztlich hätten Sie Ihre Balance gefunden, wenn Sie aus Ihrer geistigen Produktivität, der verdienten Entspannung und der Freude an der Bewegung immer wieder neue Lebenskraft gewinnen könnten. Falls Ihnen hierzu die Zeit fehlt, sollten Sie Ihren Lebensplan einmal neu überdenken. Gerade in der zweiten Lebenshälfte ist die Zeit reif, diese innere Balance zu finden und das Leben nach ihr auszurichten.

Ein großes Hindernis, sich tatsächlich von einem Tag zum anderen etwas mehr zu bewegen, besteht in der verbreiteten Annahme, man müsse nach dem 35. Lebensjahr ein neues, »bewegtes« Leben erst einmal ärztlich absegnen lassen. Das gilt sicher, wenn man als Stubenhocker ganz plötzlich zum Leistungssportler werden möchte. Aber gegen die sanfte Erfahrung des Körpers und das Erspüren seiner – anfangs sicher sehr bescheidenen – Beweglichkeit lässt sich medizinisch nichts einwenden: Dies ist mindestens genauso wichtig wie ein Belastungs-EKG oder eine Blutuntersuchung beim Arzt. Deshalb sollten Sie getrost einfach losgehen oder loslaufen – Sie werden ohnehin sehr schnell selbst spüren, was Ihr Körper verträgt. Wenn Sie jedoch zuvor schon Krankheitszeichen wahrgenommen haben – etwa Herzrhythmusstörungen, Atemnot bei leichter Belastung oder ein Engegefühl auf der Brust –, dann hat der Arztbesuch absolute Priorität.

Denken Sie im Übrigen daran, dass Bewegung sich nicht nur auf Laufen, Wandern, Radfahren und Schwimmen beschränkt – obwohl dies gewiss die meistempfohlenen Sportarten für ältere Menschen sind. Auch Tanzen, vom »Freistil« bis zum Tango, vom Ballett bis zum Bauchtanz, ist eine gesunde Bewegungsart und eine herrliche Erfahrung. Daneben bieten sich auch Inlineskaten, Volleyball, Golf oder Polo, Yoga oder T'ai Chi an und darüber hinaus vieles, vieles mehr.

Falls Sie allerdings der Bewegung an sich keinen allzu großen Spaß abringen können, dann denken Sie doch einmal darüber nach, sich einen Hund anzuschaffen: Diese treuen Vierbeiner entwickeln eine solche Freude beim Herumtollen, dass sie selbst auf den größten Bewegungsmuffel ansteckend wirkt. Ganz abgesehen davon tut das Zusammenleben mit Tieren auch dem Herzen gut. Sie sind große Lehrmeister darin, sich am Leben und am Augenblick zu freuen.

Sollten Sie jedoch noch immer nicht so recht motiviert sein, dann lesen Sie in folgender Tabelle einmal nach, welche positiven Wirkungen Bewegung hat. Könnte man diese in ein Medikament stecken, so würde es – übrigens wohl als einziges Mittel – die Bezeichnung »Wunderdroge« zu Recht tragen.

Regelmäßige Bewegung

- kräftigt Muskeln, Sehnen, Bänder und Knochen
- schenkt Kraft und Energie
- erhöht die Koordinationsfähigkeit, sensibilisiert den Gleichgewichtssinn und schützt vor Verletzungen
- steigert die Leistungsfähigkeit und erhöht die Ausdauer
- modelliert die Figur und verbessert die Haltung
- kräftigt Herz, Kreislauf und Lunge
- verbrennt mehr Kalorien, erhöht den Grundumsatz und zügelt den Appetit
- hält schlank und bewahrt vor Zuckerkrankheit, Fettstoffwechselstörungen und Bluthochdruck
- hilft Stress abbauen
- verbessert die Stimmung und schützt vor Depressionen
- wehrt Ängste ab
- lindert chronische Schmerzen
- schützt vor Osteoporose und Arthrose
- steigert das Wohlbefinden.

Wie bei allem sei jedoch auch bei Bewegung vor Übertreibungen gewarnt: Gerade wer als einstiger Sportmuffel die ersten

Schritte wagt und einen ungeahnten Spaß daran findet, sollte sich nicht zu übermäßigen Anstrengungen und zu riskanten Bewegungsformen hinreißen lassen. Sonst könnte der Schaden größer sein als der Nutzen.

Genießen ist gesund

Essen mit Lust – und Köpfchen

Viele Menschen fragen sich ihr Leben lang, was sie denn nun eigentlich essen können, welche Nahrungsmittel also der Gesundheit förderlich beziehungsweise abträglich sind. Dabei wechseln die Moden der für die Gesundheit empfohlenen Nahrungsmittel oft genauso rasch wie die der Bekleidungsindustrie. So ist es nicht verwunderlich, dass viele Menschen im Gestrüpp der Empfehlungen die Orientierung verlieren. Noch stärker verunsichern mehr oder weniger seriöse »Expertenaussagen«, dass allein das Essen darüber entscheide, ob und wie alt man werde, und dass viele Menschen mit Messer und Gabel »schleichend« Selbstmord beginnen. Das ist natürlich ebenso übertrieben und unsinnig wie die Ansicht, dass das Essen gar keinen Einfluss auf die Gesundheit habe.

Letztlich ist es aber gar nicht schwer, sich gesund zu ernähren, ohne viele Regeln befolgen oder Unmengen von Ernährungsratgebern durcharbeiten zu müssen. Die ideale Kost lässt sich in wenigen Worten charakterisieren:

> Eine gesunde Ernährung basiert auf einer abwechslungsreichen, schmackhaften Mischkost, die möglichst viele frische Lebensmittel und eine angemessene Menge Fett und Kalorien enthält.

Dabei ist nichts verboten, lediglich die Menge macht's: Je nach Lebensmittel kann ein Zuviel oder auch ein Zuwenig schädlich sein. Fett zum Beispiel ist ein notwendiger Bestandteil der Nahrung, da das im Fettgewebe abgelagerte Fett als Energiespeicher dient, von dem sich der Körper auch in sehr schlechten Zeiten eine Weile ernähren kann. Außerdem sind viele Fettpolster wichtige Schutzbarrieren, die äußere Gewalteinwirkungen abfedern. Und schließlich werden aus Fetten auch Hormone, Zellhüllen und andere wichtige Stoffe hergestellt. Wer allerdings zu viel Fett zu sich nimmt – und das tun zumindest die meisten Bundesbürger –, kann bei entsprechender erblicher Disposition die Spiegel von Cholesterin und Neutralfetten im Blut in die Höhe treiben: eine der wichtigsten Grundvoraussetzungen für die Entwicklung von Arteriosklerose, die unter anderem zu Herzinfarkt, Schlaganfall und Nierenversagen führen kann.

Wer aus unserem heute glücklicherweise sehr breiten Nahrungsangebot möglichst vielfältige Lebensmittel auswählt, die ihm schmecken und ihm gut tun, und am Rande ein wenig darauf achtet, dass er nicht zu viel von allem erwischt, kann hingegen nicht viel falsch machen. Dagegen sind stark einseitige Ernährungsformen in der Regel nicht gesundheitsförderlich. So laufen zum Beispiel Menschen, die nur gekochte und weiche Speisen zu sich nehmen, eher Gefahr, ihre Zähne frühzeitig zu verlieren, weil sie diese und die sie haltenden Knochen nicht durch starkes Kauen trainieren. Außerdem trägt etwas festere, faserreiche Nahrung dazu bei, dass der bakterienreiche Zahnbelag schon beim Essen »weggeputzt« wird. Außerdem schützt frische, ballaststoffreiche Kost vor Darmträgheit und seinen Folgen, wie zum Beispiel Divertikulose und Hämorrhoiden. Umgekehrt leben aber auch Menschen, die sich ausschließlich von Rohkost ernähren und keinerlei weiterverarbeitete Nahrungsmittel, aber auch keine tierischen Produkte zu sich nehmen, reichlich gefährlich. Neben einem Eiweißmangel und einer Unterversorgung mit gewissen Mineralstoffen und Vitaminen können sie aus dem unbearbeiteten Getreide nicht genügend Nährstoffe gewinnen, sodass sie an chronischer Unterernährung leiden.

Diese beiden Beispiele zeigen, dass auch beim Essen der mit Vernunft gewählte goldene Mittelweg die gesündeste Art ist, sich zu ernähren. Leider haben viele Menschen heute verlernt, auf ihren wichtigsten Ratgeber zu hören, der ihnen genau sagt, was ihr Körper braucht und was gut für sie ist – nämlich (buchstäblich) auf ihren »Bauch«. Wer nur immer das isst, was gerade als besonders gesund gilt, und sich nicht an seinen eigenen Wünschen orientiert, wird erleben, was auch Ernährungswissenschaftler seit geraumer Zeit beobachten: Statt der erwünschten Verbesserungen im Hinblick auf Übergewicht und ernährungsbedingte Gesundheitsstörungen haben die unendlich vielen Ernährungstipps bei vielen Menschen nur schwerwiegende Ess-Störungen hervorgebracht, etwa in Form von Mager- oder Ess-Brech-Sucht.

Deshalb ist es für viele Menschen vermutlich am wichtigsten, erst einmal wieder in ihren Körper hineinzulauschen, was er wirklich essen möchte. Dies ist übrigens auch der beste Weg, Übergewicht abzubauen, denn wer grundsätzlich mit Magerquark und Knäckebrot die Gelüste auf eine Tafel Schokolade unterdrückt, wird niemals ein normales Verhältnis zum Essen bekommen und versagt seinem Körper, durch einen gesunden Appetit auf sein tatsächliches Energiebedürfnis zu reagieren. Wer hingegen seine eigenen Bedürfnisse und Wünsche kennen lernt und sie mit den wenigen wirklich wichtigen Tipps für eine gesunde Ernährung in Einklang bringt, der ernährt sich auf ganz einfache und natürliche Weise gesund und muss weder Kalorien noch Vitamine, Mineralstoffe und Spurenelemente zählen.

Vielfalt der Ernährung

Ein wesentlicher Punkt gesunder Ernährung ist immer die Vielfalt. Wer aus dem großen Angebot an Nahrungsmitteln immer wieder neue Kombinationen zusammenstellt, kann nur gewinnen. Zum einen hilft dies auch eingefleischten einseitigen Essern, neue Varianten zu entdecken, von denen einige vielleicht zur geschmacklichen Erleuchtung werden. Zum anderen kann ein Mensch, der sich vielseitig ernährt, gar keinen Mangel an Nährstoffen entwickeln. Dabei ist zu bedenken, dass selbst gemeinhin so schlecht beleumundete Nahrungsmittel wie Wurst oder Hamburger hochwertiges Eiweiß und viele lebenswichtige Mineralstoffe enthalten.

Zudem sind die ebenfalls als ungesund verschrienen Backwaren aus weißem Mehl nicht im Geringsten gesundheitsschädlich, wenn sie hin und wieder genossen werden und nicht die Hauptnahrungsquelle darstellen. Selbst Zuckerkranken wird heute niemand mehr ein gelegentliches Stückchen Kuchen verwehren. Wenn Ihnen dennoch nicht klar ist, was Sie essen können und sollen, dann orientieren Sie sich am besten an den Empfehlungen der Deutschen Gesellschaft für Ernährung (DGE), die in ihren Leitlinien weise betont, dass gesundes Essen auch schmecken soll.

Empfehlungen der DGE für ein vollwertiges Essen und Trinken

1. Essen Sie vielseitig.
2. Nehmen Sie Getreideprodukte – mehrmals am Tag – und reichlich Kartoffeln zu sich.
3. Gemüse und Obst sollten fünfmal täglich auf dem Speisezettel stehen.
4. Verzehren Sie täglich Milch und Milchprodukte und einmal in der Woche Fisch; Fleisch und Wurstwaren sowie Eier jedoch nur in Maßen.
5. Achten Sie darauf, wenig Fett und fettreiche Lebensmittel zu sich zu nehmen.
6. Zucker und Salz sollten in Maßen gegessen werden.
7. Über den Tag verteilt sollten Sie reichlich Flüssigkeit trinken.
8. Bereiten Sie Ihre Nahrung ebenso schmackhaft wie schonend zu.
9. Nehmen Sie sich Zeit und genießen Sie Ihr Essen.
10. Achten Sie auf Ihr Gewicht und bleiben Sie in Bewegung.

Schmecken muss es

Der Genuss ist übrigens eine ganz wesentliche Qualität des Essens und sollte nicht zu gering eingeschätzt werden. Nehmen Sie sich daher – wann immer es möglich ist – Zeit zum Essen, richten

Sie es schön an und freuen Sie sich an seinem guten Geschmack. Sie werden sehen, dass Sie mit dieser Methode wahrscheinlich sogar weniger zu sich nehmen, als wenn Sie Gesundes ohne Genuss und Muße hinunterschlucken.

Essen Sie auch nichts, was Ihnen nicht schmeckt oder Ihnen nicht bekommt, gleichgültig, wie gesund es auch sein mag. Es ist zum Beispiel oft schwierig, den Körper – gerade in der zweiten Lebenshälfte – an ballaststoffreiche Kost zu gewöhnen: Der Darm rebelliert dann nur allzu gern gegen die ungewohnte Behandlung und beschwert sich mit Rumoren, Blähungen, Bauchweh und Durchfall.

Gehen Sie also behutsam vor, wenn Sie ballaststoffreicher essen möchten, und geben Sie Ihrem Darm Zeit, sich langsam darauf einzustellen. Trinken Sie gleichzeitig mehr, sonst ballen sich die unverdaulichen Fasern im Darm zusammen und führen schlimmstenfalls zu einem Darmverschluss. Sie sollten Ihre Verdauung in keinem Fall überfordern: Wenn sie partout nicht mit größeren Mengen Vollkornbrot, Salaten und Rohkost umgehen kann, dann muten Sie ihr das auch nicht zu. Ein kleines bisschen geht jedoch fast immer, und vielleicht reicht genau dieses bisschen aus, um Ihre Verdauung anzukurbeln.

Wege zum gesunden Gewicht

Wer gesund alt werden und auch dann noch das Leben ohne einschränkende Krankheiten genießen möchte, der sollte in der Lebensmitte ein lange verfolgtes Ziel endlich doch noch zu erreichen versuchen: ein gesundes »Wohlfühlgewicht«. Jetzt ist die Zeit gekommen, dieses Problem (natürlich nur, wenn es ein Problem ist) endgültig und dauerhaft zu lösen. Damit sind nicht wieder die frustrierenden Diäten gemeint, die Ihnen zu zehn Kilo Gewichtsverlust verholfen haben, nur damit Sie kurze Zeit später wieder zwölf Kilo zunehmen konnten.

Früher hatten Sie vermutlich immer wieder einen anderen Grund, die endgültige Auseinandersetzung mit dem Gewicht hinauszuschieben: keine Zeit, der viele Ärger im Beruf, die Sorgen um die Kinder, die Konflikte in der Partnerschaft, Geldprobleme und schwierige Entscheidungen. Schließlich gewöhnten Sie sich daran, Ihre Kleider jedes oder jedes zweite Jahr eine Nummer größer zu kaufen und den Blick im Spiegel nicht unter das Kinn sinken zu lassen.

Dennoch lauert ganz tief in den meisten Menschen mit Übergewicht der heimliche Wunsch, doch noch das ersehnte Normalgewicht zu erreichen, eine attraktive Figur zu haben und sich um erhöhte Zucker- und Cholesterinspiegel im Blut, Bluthochdruck und die belasteten Gelenke keine größeren Sorgen mehr machen zu müssen. Wie schön wäre es, wenn Sie wieder einmal ein figurbetontes Kleid anstatt der weit schlabbernden Blusen und Röcke tragen könnten, oder wenn der Hosenbund nicht mehr ständig unter den Bierbauch rutschen würde? Und wäre es nicht eine Erleichterung, nicht nach jedem Treppenabsatz stehen bleiben und um Luft ringen zu müssen? Und erst das beruhigende Gefühl, wenn der Arzt Ihnen mitteilte, dass Ihre Blutfette und der Zucker auch ohne Medikamente ein ganz normales Niveau erreicht und das EKG keine Anzeichen für eine Verengung der Herzkranzgefäße ergeben hat ... Wenn Sie nicht wollen, dass das alles nur Utopie bleibt, dann entschließen Sie sich lieber heute als morgen, endlich und dauerhaft abzunehmen. Es ist gar nicht so schwer, wie Sie glauben.

Realistische Ziele stecken

Zunächst einmal stecken Sie sich ein vernünftiges Ziel, das sich in einem bestimmten Zeitraum auch tatsächlich erreichen lässt. Formulieren Sie Ihr Ziel ganz konkret: Denn wenn Sie sich lediglich sagen, dass Sie nicht mehr so dick sein wollen, ist das ebenso wenig realistisch wie die Vorgabe, von Konfektionsgröße 56 auf Größe 36 abzumagern. Besser ist, Sie sagen zum Beispiel: »Ich werde in sechs Monaten genau sechs Kilo weniger wiegen und dieses Gewicht dann auch beibehalten.«

Überprüfen Sie dieses Ziel, indem Sie es in kleinere Etappenziele zerlegen, zum Beispiel jeden Monat ein Kilogramm zu verlieren. Wenn Ihnen das machbar erscheint, gibt es nichts dagegen einzuwenden. Auf dieses Ziel kann sich auch Ihr Unterbewusstsein einstellen und Sie bei Ihrem Vorhaben unterstützen. Nun kommt es natürlich noch darauf an, wie Sie dieses Ziel erreichen wollen. Dass Diäten zu diesem Zweck denkbar ungeeignet sind, haben Sie schon leidvoll erfahren. Und die Geschichte, dass Sie Ihre Ernährung gänzlich umstellen müssen, ist Ihnen auch bekannt. Aber wie soll das funktionieren?

Führen Sie Tagebuch

Beginnen Sie damit, dass Sie wieder lernen, was Sie gern essen und wie viel Ihr Körper davon wirklich benötigt. Notieren Sie zum Beispiel eine, besser zwei Wochen lang alles, was Sie zu sich nehmen, vom Schokoriegel zwischendurch bis hin zu jeder Zutat eines mehrgängigen Abendessens. Schreiben Sie möglichst auch auf, wie Sie sich dabei gefühlt oder unter welchen Begleitumständen Sie gegessen haben. Schon beim Aufschreiben wird Ihnen auffallen, dass Sie einiges davon kaum wahrgenommen, geschweige denn genossen haben und dass Sie vermutlich oft essen, weil Sie gerade Zeit dazu haben oder weil andere Sie bitten, ihnen beim Essen Gesellschaft zu leisten. Vermutlich wird Ihnen außerdem klar, dass Sie oft essen, weil Sie sich nicht besonders gut fühlen, weil Sie gestresst oder müde, gelangweilt, deprimiert oder antriebslos sind.

Nun versuchen Sie, all die Imbisse, Snacks, aber auch großen Mahlzeiten wegzulassen, auf die Sie gar keinen Hunger haben oder die Sie unbewusst in sich hineinstopfen. Gehen Sie dabei aber behutsam und vorsichtig vor. Wenn Sie zu große Schritte machen, werden Sie schnell enttäuscht, denn es fällt dem Körper nicht leicht, Gewohnheiten aufzugeben, selbst wenn die Notwendigkeit dazu erkannt wurde.

Lernen Sie gleichzeitig, wie Sie unangenehme Gefühle durch etwas anderes als Essen in den Griff bekommen – flüchten Sie sich also nicht mehr ins Essen, wenn Sie traurig oder einsam sind oder sich langweilen. Suchen Sie Üppigkeit, Genuss und Fülle im Leben, dort ist alles reichlich vorhanden. Und wenn Ihr Leben noch immer zu anstrengend, aufreibend, zeitraubend ist, Sie nervös und unglücklich macht, dann versuchen Sie, es in kleinen Schritten zu ändern. Das mag sich schwierig anhören, aber es ist vielleicht eine Ihrer Aufgaben, Ihr Leben so zu gestalten, dass es Ihnen Zufriedenheit und die Fülle vieler interessanter Erfahrungen schenkt. So wie die Verantwortung für Ihr Körpergewicht ganz bei Ihnen liegt, so müssen Sie irgendwann auch Ihr Leben eigenverantwortlich gestalten und sollten sich nicht mehr als Opfer vieler ungewollter Einflüsse definieren.

Öffnen Sie Ihr Herz und nicht die Tür des Kühlschranks. Die Abenteuer harren Ihrer in der Welt draußen und nicht auf Ihrem Butterbrot. Und wenn Sie auch in der zweiten Lebenshälfte noch immer atemlos gegen die Zeit ankämpfen, gegen Druck oder eine andere Übermacht, die Ihnen noch nicht einmal die Entscheidung überlässt, ob Sie überhaupt essen wollen oder nicht, ob Sie leben oder von etwas gelebt werden – dann wird es höchste Zeit, innezuhalten und zu all den Dingen, die Sie nicht mehr tun wollen, wirklich nein zu sagen.

Fahnden Sie nach den Ursachen

Versuchen Sie zu ergründen, welche Botschaft Ihr Gewicht Ihnen wirklich mitteilen will. Vielleicht war es zu einem früheren Zeitpunkt wichtig und gut für Sie, sich Ihrer Umwelt gegenüber kräftig und gewichtig zu zeigen oder sich im Elfenbeinturm schützender Speckmassen vor unbekannten Gefahren zu verbergen. Lösen Sie diese Aufgabe und versuchen Sie nicht, mit einer x-beliebigen Diät am Symptom Übergewicht herumzudoktern.

Benutzen Sie dazu nicht immer nur Ihren Verstand, sondern befragen Sie auch einmal Ihr Unterbewusstsein nach den Ursachen Ihres falschen Essverhaltens und Übergewichts. Achten Sie darauf, welche Gefühle diese Fragen aufwerfen, und folgen Sie dieser Spur. Verprellen Sie Ihren Körper aber nicht damit, dass Sie ihm mit diätetischem Essensentzug, lebenslanger harter Disziplin und Verzicht auf Genuss drohen. Suchen Sie lieber spielerisch, die hinter dem zu vielen Essen verborgenen Ursachen zu entdecken und sie unter Beibehaltung Ihrer kulinarischen Genussfähigkeit zu lösen.

Natürlich drückt ein Zuviel an Gewicht nicht immer und nicht grundsätzlich ein seelisches Problem oder einen ungelösten Konflikt aus; bisweilen ist Dicksein auch ein Mangel an Erfahrung und Information, wie viel besser man mit anderen Nahrungsmitteln und mit mehr Bewegung leben könnte. In diesem Fall spielt Bewegung vermutlich noch eine weitaus wichtigere Rolle als die Art der Ernährung. Denn Bewegung erhöht den Grundumsatz: Wer sich also bewegt, verbraucht mehr Energie, er hat auch weniger Hunger, baut Stress schneller ab und fühlt sich wohler. Auch das ist ein wichtiger Grund, warum man nicht so viel essen muss.

Tipps für ein gesundes Gewicht

- Essen Sie weniger Fett. Während der durchschnittliche Deutsche 150 Gramm Fett zu sich nimmt, empfehlen die Ernährungsgesellschaften nicht mehr als 60 bis 80 Gramm pro Tag. Wenn Sie diesen Wert noch unterbieten, nehmen Sie fast wie von selbst ab.
- Wenn Sie große Portionen vorziehen, müssen Sie nicht darauf verzichten. Sie können Berge von Salaten und Gemüse in allen Variationen verzehren, ohne zuzunehmen. Richten Sie diese Speisen aber mit Liebe an und verwenden Sie dazu wenig Fett. Auch Kartoffeln, Nudeln und Reis können Sie in Mengen zu sich nehmen, die Sie wirklich satt machen.
- Setzen Sie Fett weniger zum Braten ein (erhitztes Fett schmeckt ohnehin nicht sehr gut), sondern nutzen Sie die wichtigste Eigenschaft von Fett, nämlich als Geschmacksverstärker, indem Sie erst nach dem Braten oder Kochen zum Beispiel eine kleine Menge Butter an das Essen geben.
- Essen Sie bewusst und setzen Sie dazu alle Sinne ein. Konzentrieren Sie sich selbst dann, wenn Sie nur einen Riegel

Schokolade oder ein Bonbon essen, ganz auf den Geschmack und das Gefühl im Mund.

- Wenn Sie zum Beispiel beim Essen von Schokolade bereits dann, wenn das erste Stückchen fast schon hinuntergeschluckt ist, den Drang verspüren, ein weiteres zu essen, warten Sie einen Moment ab. Und denken Sie daran, dass Scharen von Lebensmitteltechnikern die Schokolade so angemischt haben, damit dieses Suchtgefühl entsteht. Wollen Sie allen Ernstes in diese Konsumfalle tappen?
- Haben Sie niemals ein schlechtes Gewissen, wenn Sie einmal zu viel, zu fett oder in Ihren Augen das Falsche gegessen haben. Verscheuchen Sie alle Gewissensbisse oder Schuldgefühle, die sofort den Erfolg Ihrer Ernährungsumstellung in Frage stellen. Sagen Sie sich stattdessen: »Heute habe ich etwas über die Stränge geschlagen, aber das macht überhaupt nichts, schließlich hat es Spaß gemacht. Morgen kehre ich wieder zu meinen alten Grundsätzen zurück.« Geben Sie Selbstvorwürfen keine Chance, indem Sie sich nach einer solchen vermeintlichen Sünde sofort noch etwas gönnen, das Ihnen besonders gut tut.
- Erfreuen Sie sich am Essen und genießen Sie es, aber räumen Sie dem Essen in Ihrem Leben nicht einen zu großen Stellenwert ein. Es ist nur eine von vielen Quellen des Wohlbefindens.
- Genießen Sie Ihren Körper, pflegen Sie ihn, gönnen Sie ihm viel Bewegung und freuen Sie sich darüber, dass er schließlich immer schlanker, vitaler und gesünder wird.

Entspannung

Wer ein angespanntes oder auch ein spannendes Leben führt, muss zwischendurch immer wieder für Entspannung sorgen, um neue Kraft zu schöpfen, aber auch, um neue Ideen und Pläne schmieden zu können. Während diese Erkenntnis jungen Menschen oft noch verschlossen ist, verlangt das mittlere und höhere Alter mit größerem Nachdruck nach längeren Ruhepausen und entspannenden Momenten – auch während der Arbeit.

Zweifellos ist ein aktives, ausgefülltes Leben die beste Art, das Älterwerden zu genießen und ihm erstaunliche Erfahrungen und Überraschungen abzugewinnen. Regelmäßige Entspannung sorgt nicht nur für Ruhe und frische Kraft, sondern öffnet auch das Herz und beruhigt den nervösen, sprunghaften Geist. Außerdem bewirken Entspannungsübungen eine Lockerung der Muskeln, die insbesondere bei chronischen Krankheiten und Schmerzen häufig verspannt sind und so die Beschwerden noch verschlimmern.

Suchen Sie sich unter den vielen Entspannungstechniken eine aus, die für Sie besonders gut geeignet ist. Wenn Sie zeitlich, sowohl im Beruf als auch in der Familie, nicht mehr so stark engagiert sind, können Sie auch verschiedene Angebote ausprobieren, bis Sie das Richtige gefunden haben. Die meisten Methoden werden in Volkshochschulkursen oder privaten Instituten, gelegentlich auch in größeren Betrieben angeboten. Kassetten können Sie dabei unterstützen, eine Entspannungsmethode zu erlernen, aber zumindest am Anfang sollten Sie sich von einem fachkundigen Therapeuten anleiten lassen.

Beispiele für Entspannungsmethoden und körperorientierte Therapieverfahren

- Autogenes Training
- Progressive Muskelentspannung nach Jacobson
- Atemtherapie
- Meditation
- Yoga
- Qi Gong und T'ai Chi
- Konzentrative Bewegungstherapie
- Feldenkrais-Methode/funktionelle Integration
- Trager-Mentastics

Eine einfache Art, sich in jeder Situation schnell zu entspanen, ist die Konzentration auf den Atem. Wenn etwas Sie sehr aufregt oder verärgert, dann kehren Sie dieser Situation zunächst einmal den Rücken und entfernen Sie sich einige Schritte in die andere Richtung. Das ist durchaus auch konkret gemeint, denn Sie sollten tatsächlich körperlich aus dem brenzligen Bereich heraustreten – dann trennen Sie sozusagen den Ort von der Empfindung und gewinnen im wahrsten Sinne des Wortes Abstand.

Nun versuchen Sie Ihren Atem ganz bewusst wahrzunehmen und ein wenig zu lenken. In Stress-Situationen atmet man nämlich automatisch oberflächlicher und schneller. Dadurch nehmen einerseits Muskelverspannungen zu, andererseits kann die beschleunigte Atmung zu Verschiebungen im Mineralstoffhaushalt des Körpers führen, die wiederum die körperlichen Symptome der Anspannung, Aufregung und Angst verstärken. Durchbrechen Sie diese Reaktionskette und konzentrieren Sie sich auf Ihre Ausatmung.

Konzentration auf den Atem

Atmen Sie ruhig und langsam aus, ohne sich dabei anzustrengen oder die Atmung zu forcieren. Lassen Sie Ihrem Atem nur genügend Zeit, aus der Lunge und den Atemwegen hinauszuströmen. Spüren Sie, wie das Ausatmen immer langsamer wird und in einer kleinen Atempause endet. Danach setzt das Einatmen ganz automatisch wieder ein. Lassen Sie es geschehen und bleiben Sie mit Ihrer Achtsamkeit bei der Ausatmung. Schieben Sie für einige Atemzüge alle Gedanken und Bilder, die in Ihrem Kopf auftauchen, einfach zur Seite. Vielleicht stellen Sie bald fest, dass sich Ihr Körper entspannt und Sie insgesamt ruhiger werden.

Anfangs drängen die zappeligen Gedanken jedoch ganz rasch wieder an ihren angestammten Platz zurück und stören Ihre Konzentration auf den Atem. Ärgern Sie sich nicht darüber, sondern wiederholen Sie einfach jeden Tag am besten einige Male diese Atemübung. Wenn Sie sie immer besser beherrschen, können Sie die Übung noch vertiefen, indem Sie den Atem beim Ausatmen durch Ihre Arme und Beine fließen lassen und spüren, wie Sie mit jeder einzelnen Zehen- oder Fingerspitze ausatmen. Fühlen Sie, wie der Atem alle Anspannung aus den Muskeln mitnimmt und Sie über die Fingerspitzen alles abgeben, was Sie nicht mehr benötigen.

Gesunde Gedanken und ein fröhliches Herz

Sich in jeder Phase der zweiten Lebenshälfte gesund, vital, leistungsfähig und zufrieden zu fühlen, hängt weniger vom objektiv messbaren Zustand verschiedener Körperfunktionen ab, sondern vor allem von der Einstellung gegenüber dem Älterwerden.

Oft ist bereits die innere Haltung, dass Alter zu Leiden, Einschränkung und Unselbstständigkeit führe, die Ursache, dass diese negativen Veränderungen auch tatsächlich eintreten. In der Erwartung eines Aktivitätsverlustes verhält sich der Mensch inaktiv und verliert damit tatsächlich einen Großteil seiner Tatkraft – schon allein aus dem einfachen Grund, weil seine Muskeln, wenn sie ständig ruhen, in kürzester Zeit abgebaut werden. Diese fatale Einstellung zum Alter ist jedoch keine persönliche Fehleinschätzung, sie wird den Betroffenen auch immer wieder von den Medien eingeredet. Ältere Menschen kommen in Filmen allenfalls als Randfiguren vor und werden in der Werbung als Zielgruppe fast konsequent totgeschwiegen. Wenn schon über das Alter berichtet wird – sei es in Zeitungen oder im Fernsehen –, so zeichnen die Medien in düsteren Farben die oft unwürdige Situation alter Menschen in Pflegeheimen oder die immensen Probleme durch die Überalterung der Gesellschaft in den kommenden Jahren nach.

Es wird wohl noch eine Weile dauern, bis sich das öffentliche Bild vom Altern ein wenig mehr der Realität anpasst. Dessen ungeachtet ist jeder Einzelne durchaus in der Lage, sein eigenes Älterwerden als große Bereicherung zu erleben – selbst dann, wenn es von der einen oder anderen Gesundheitsstörung begleitet ist. Die großartigen Chancen, die dieser Lebensabschnitt bietet, liegen auch in einer erheblich gelasseneren Sicht der Dinge und einer stetigen Erweiterung des Blickwinkels: Denn es liegt ganz im Auge des Betrachters, ob mit Beginn der zweiten Lebenshälfte das Glas halb leer oder halb voll ist.

Verzeihen

Um diese Lebensphase möglichst unbeschwert genießen zu können, sollten Sie anfangen, mit alten Vorurteilen aufzuräumen, tief sitzenden Groll loszulassen und sich selbst und anderen Fehler zu verzeihen. Stoßen Sie Ihre wütenden, neidischen und negativen Gefühle ab und konzentrieren Sie sich auf die Sonnenseiten Ihres Lebens und all der Menschen, denen Sie darin begegnen. Das soll nicht heißen, dass Sie über Missstände hinwegschauen sollten – im Gegenteil, es ist sicher eine wichtige Aufgabe der zweiten Lebenshälfte, dabei mitzuhelfen, dass Ungerechtigkeit immer mehr von der Bildfläche verschwindet. Mit der Überzeugung, dass die Welt immer böser, die Zeiten immer schlechter, die Kriminalität immer ausufernder werden, ist hingegen niemandem geholfen.

Beginnen Sie damit, dass Sie sich selbst gegenüber eine freundlichere Haltung einnehmen. Verzeihen Sie sich, dass Sie bestimmte Ziele im Leben nicht erreicht haben, und konzentrieren Sie sich auf diejenigen, die Sie noch immer erreichen können. Nehmen Sie auch jene Seiten Ihrer Persönlichkeit an, die Ihnen vielleicht nicht so gut gefallen, wenn Sie sie nicht ändern können. Sie werden sehen, dass es sich einfacher damit lebt, nach dem Bestmöglichen, aber nicht nach dem Perfekten zu streben, weder bei sich noch bei anderen. Wer über seine eigenen Fehler hinwegsehen kann, ohne sie zu beschönigen, dem fällt es auch leichter, seine Umwelt mit all ihren Ecken und Kanten, Ungereimtheiten und Problemen anzunehmen.

Menschen, die Ihnen womöglich wirklich Schlechtes wollen, sollten Sie einfach links liegen lassen, ohne sich groß mit ihnen abzugeben. Vielleicht hilft hier das Beispiel, dass zwar immer mal ein Auto beim Parken andere Verkehrsteilnehmer stark behindert oder sogar die Feuerwehrzufahrt verstellt. Gehen Sie jedoch einmal durch die Straßen und achten Sie auf all jene Autos, die vorbildlich geparkt sind: Sie sind immer in der Überzahl.

Auf Ihrem Weg durch die Welt ist es besser, zu beobachten und Erfahrungen zu sammeln, als alles, was Ihnen begegnet, zu bewerten oder gar abzuurteilen. Teilen Sie die Dinge nicht in Gut und Böse ein, sondern freuen Sie sich darüber, dass die Welt so unglaublich vielfältig ist. Wenn Sie nur genau genug hinschauen, werden Sie erkennen, dass die Natur immer die bestmögliche Lösung anstrebt und somit die Tendenz des Lebendigen zum Positiven gerichtet ist.

Folgen Sie diesem Prinzip und lassen Sie sich nicht (mehr) zu vorschnellen Urteilen hinreißen – was aber wiederum keinesfalls bedeuten muss, dass Sie kritiklos alles durch eine rosarote Brille betrachten und dem oft falsch verstandenen Prinzip des positiven Denkens folgend Ihr Gehirn ausschalten.

Humor

Es mag wie eine Binsenweisheit klingen, aber Sie sollten das Leben wirklich mit Humor nehmen. Es ist zwar nicht schwer, über einen guten Witz über jemanden zu lachen, mit dem das Schicksal es nicht ganz so gut gemeint hat. Wann aber haben Sie zuletzt über sich selbst gelacht? Über einen dummen Fehler, den Sie begangen haben und dessen Sie sich eigentlich furchtbar schämten? Wann haben Sie darüber gelacht, dass Sie älter werden, dass Sie einen ganz eigenartigen watschelnden Gang bekommen, wenn Ihr Kniegelenk wieder einmal wehtut? Oder über den ersten Sonnenbrand, der sich nicht nur über die Stirn, sondern den ganzen Kopf erstreckt? Wenn Sie glauben, dass dies doch bitteschön zu ernst sei, um darüber zu lachen, dann mag Ihnen das Älterwerden tatsächlich schwer fallen und Ihnen arge Probleme bereiten. Nehmen Sie es lieber leicht, treffen Sie sich mit Freunden und lachen Sie wieder einmal aus voller Seele, auch und gerade über sich selbst. Und schmunzeln Sie über die Erfahrung, dass man beim langsamen Gehen einfach mehr zu sehen bekommt.

Ein weiter Horizont

In der Jugend braucht man Sicherheit, um die vielen Eindrücke, Erfahrungen und Enttäuschungen verarbeiten zu können. Hier sind feste Glaubenssätze und klare Prinzipien oftmals die Grundvoraussetzung, um auf dem schwankenden Teppich des Lebens die Beine fest auf dem Boden zu behalten. Mit zunehmendem Alter kehrt sich dies aber um: Die Erfahrungen sind eingeordnet, die Enttäuschungen aufgearbeitet, viele Ziele erreicht und die Wege zu weiteren Erfolgen abgesteckt. Jetzt auf althergebrachten Betrachtungsweisen zu beharren und keinen Zentimeter von den ausgetretenen Pfaden abzuweichen könnte sich bei der in der zweiten Lebenshälfte gewonnenen Sicherheit als Nachteil erweisen.

Was Sie mit Ihren bisher vorhandenen Kenntnissen erwerben konnten, besitzen Sie bereits. Es wird also Zeit, über den Tellerrand hinauszublicken, unbekannte Wege zu erschließen, neue Strategien zu entwickeln und gelegentlich sogar das Unmögliche möglich zu machen. Wer immer sich von dem, wovon er überzeugt ist, auch das Gegenteil vorstellen kann, dürfte kaum Gefahr laufen, unbeweglich und träge zu werden oder für ein Problem keine Lösung zu finden – selbst wenn es so schwer wiegt wie eine unheilbare Krankheit.

Religion und Philosophie

Den Horizont zu erweitern kann auch bedeuten, sich mit Religion schlechthin oder den vielen verschiedenen Glaubenslehren und Philosophien dieser Welt auseinander zu setzen. Das gelingt mit zunehmenden Alter besser als in der Jugend: Zum einen stimmt die Endlichkeit des eigenen Lebens nachdenklich, und zum anderen erleichtern viele Erkenntnisse über den Lauf der Dinge den Glauben an ein übergeordnetes Prinzip.

Vielen modernen Menschen der westlichen Welt mangelt es an einem Urvertrauen, dem Gefühl, sich auf dieser Welt geborgen und von den anderen Menschen angenommen zu fühlen. Ein Ausdruck hierfür ist unter anderem das in den letzten Jahren zunehmende Interesse für Naturheilkunde und Esoterik. Religion und Philosophie können eine große Hilfe dabei sein, ein gewisses Vertrauen in die Natur und das Leben zurückzugewinnen. Denn auch die Beschäftigung mit diesen Fragen gibt dem modernen, nüchternen und so gern »gottlosen« Menschen die Gelegenheit, sich immer weiterzuentwickeln.

Selbstbestimmt, aber nicht allein

Ein unschätzbarer Vorteil der zweiten Lebenshälfte ist, endlich zu wissen, was man will, und dies auch durchzusetzen. Man muss die Erfahrung, wie langweilig eine Party sein kann, nicht zum hundertsten Mal wiederholen, und man lässt sich auch nicht mehr zu einer Oper überreden, wenn einem die Musik Schauer über den Rücken jagt. Doch selbst der ältere, souveräne Mensch sollte sich immer noch ein wenig Neugier auf neue Situationen und andere Menschen aufheben. Denn ein erfülltes Älterwerden besteht darin, es zusammen mit anderen Menschen zu erleben.

Kontakte: Garant für ein langes Leben

Leben Sie Ihr Leben also selbstbewusst und selbstbestimmt, aber niemals allein. Freuen Sie sich an den Mitgliedern Ihrer Familie, sofern Sie eine haben, und sprengen Sie diese natürlichen Bindungen nicht mit zu hohen Ansprüchen oder gar Forderungen. Knüpfen Sie außerdem immer wieder neue Kontakte und pflegen

Sie die alten. Lassen Sie sich von anderen Menschen und ihren Ideen überraschen und verprellen Sie sie nicht mit eingefahrenen, aber längst überholten Ansichten.

Eine Vielzahl von wissenschaftlichen Studien hat den Faktor Einsamkeit inzwischen erforscht und dabei erstaunliche Ergebnisse zu Tage gefördert. So untersuchte man in den USA den Einfluss der Einsamkeit von Patienten, die gerade eine Herzoperation hinter sich hatten, auf den Genesungsverlauf. Die Patienten wurden befragt, ob sie regelmäßig an organisierten Gruppentreffen teilnahmen, wie zum Beispiel in Vereinen, der Gemeinde, in der Kirche etc. Mit einer zweiten Frage erkundigten sich die Wissenschaftler danach, ob die Herzoperierten Kraft und Trost in einem religiösen oder spirituellen Glauben fänden.

Die Patienten, die sich nicht regelmäßig mit anderen trafen, hatten ein vierfach höheres Risiko, nach der Operation zu versterben, als diejenigen, die regelmäßig an Gruppentreffen teilnahmen. Menschen, die weder Kontakt zu anderen hatten noch Kraft und Trost aus einem Glauben gewannen, starben in der Folgezeit nach der Operation siebenmal so häufig wie Menschen, die sowohl Kontakte pflegten als auch religiös waren. Auch zahlreiche andere Studien belegen ähnlich eindeutig den gesundheitsfördernden Wert von emotionaler Unterstützung und Liebe.

Sexualität im Alter

Immer wieder prallen Meinungen und Vorurteile aufeinander, wenn von Sexualität im Alter die Rede ist. Auf der einen Seite stehen die Veränderungen der sexuellen Funktionen im Alter – allgemein wird befürchtet, dies sei das Ende sexueller Erfüllung –, auf der anderen Seite gibt es genügend Beweise dafür, dass viele Menschen ihre Sexualität im Alter genauso pflegen und genießen wie in jüngeren Jahren.

Tatsächlich verändern sich die Funktionen der Sexualorgane im Alter, ebenso die Kurve der sexuellen Erregung sowie das Lustempfinden; und dennoch ist es schlichtweg falsch, anzunehmen, dass mit der rückläufigen Produktion weiblicher Hormone in den Wechseljahren auch das Bedürfnis nach Sexualität und die sexuelle Erlebnisfähigkeit erlöschen. Und obwohl bei Männern die Veränderungen der sexuellen Funktionen viel stärker ausgeprägt sind als bei Frauen, lässt sich das so genannte starke Geschlecht nicht daran hindern, Sexualität auch in späten Jahren noch zu genießen.

Daneben dürften sich jedoch Vorurteile und gesellschaftliche Normen als viel hemmender auf ein erfülltes Sexualleben auswirken als die körperlichen Veränderungen. Wer diese einschränkenden Haltungen über Bord werfen kann und sich eben besser auf die eigenen Bedürfnisse und die seines Partners einstellt, wird daher auch im hohen Alter Freude an der Sexualität haben.

Internet: Die ideale Kommunikation für die zweite Lebenshälfte

Auch wenn das Thema Computer inhaltlich nicht viel mit dem Thema Sexualität zu tun hat, so ist beiden doch das abgrundtiefe Vorurteil gemeinsam, dass »so etwas« doch nichts für ältere Menschen sei. Genau das Gegenteil ist der Fall: Es macht nicht nur jungen Menschen Spaß, im Internet zu surfen, in Chatrooms zu diskutieren und Nachrichten oder Fotos via E-Mail zu verschicken. Außerdem bietet es gerade Menschen, die vielleicht durch Krankheit oder Gebrechlichkeit nicht mehr so leicht das Haus verlassen können, die ideale Kommunikationsplattform.

Verlieren Sie Ihren Respekt oder gar die Angst vor dem Computer. Die aktuellen Modelle sind sehr einfach zu bedienen, und oft sind auch schon vor dem Kauf alle wichtigen Programme installiert, sodass man tatsächlich nur noch den Stecker einstecken und die Power-Taste drücken muss. Dennoch kann eine kleine Starthilfe durch Familienmitglieder oder junge Experten nicht schaden, um sich rasch über den richtigen Umgang mit dem PC (Personalcomputer) und das Surfen im Internet zu informieren.

Mit einem PC, den richtigen Programmen und ausreichenden Kenntnissen sind Sie dann gerüstet, um viele Menschen auf der ganzen Welt kennen zu lernen, aber auch um Bankgeschäfte, Behördengänge und Einkäufe von zu Hause aus zu erledigen oder am Bildschirm eine Reise zu buchen. Außerdem bekommen Sie eine Vielzahl von Anregungen und Informationen zu Freizeitgestaltung, Finanzen, Hobbys und Bildung. Und Sie finden sicher zu jedem Thema einige Experten, die Ihnen ihr Wissen per Computer zur Verfügung stellen. Durch das Internet überwinden gerade ältere Menschen große Distanzen, die sie selbst oft nicht mehr zurücklegen können, und gewinnen so ein Stück ihrer alten Mobilität zurück.

Internetadressen für Senioren

- www.seniorennet.de
- www.seniorweb.de
- www.senjoy.de
- www.feierabend.com
- www.tu-dresden.de/senior/
- www.seniorweb.ch
- www.50plus.at

Bildung

Bildung und Ausbildung ist kein Privileg der Jugend: Schließlich lernt jeder Mensch Tag für Tag etwas Neues. Folglich kann er auch ebenso gut noch im Alter ein Studium beginnen und es mit einem Magister oder einer Promotion abschließen. Eine zweite Möglichkeit wäre, als Gasthörer eine Universität zu besuchen oder an den zahlreichen Ausbildungsgängen teilzunehmen, die an vielen Universitäten speziell für Senioren eingerichtet wurden und deren Angebot immer breiter wird.

Dabei müssen es nicht immer die Fächer Literatur, Geschichte, Sprachen und Philosophie sein. So wartet etwa die Deutsche Sporthochschule Köln mit einer speziellen Themenauswahl für Senioren auf – neben den einschlägigen Angeboten aus den Bereichen Geisteswissenschaften, Erziehungs- und Sozialwissenschaften, Medizin und Naturwissenschaften. Auch an vielen anderen deutschen Universitäten sind spezielle Studiengänge für Senioren geschaffen worden, in die man sich gegen eine geringe Gebühr (meist zwischen 75 und 100 Mark) pro Semester einschreiben kann. Einige Universitäten setzen dafür noch nicht einmal das Abitur voraus. Am 7. Mai 2001 öffnete die Europäische Lessing-Hochschule für Senioren in Meran ihre Pforten. Im Angebot sind fünf Studiengänge, außerdem werden einzelne Themenbereiche in Blöcken vermittelt.

Auch berufliche Weiterbildungen sind für ältere Menschen kein Tabu: Unter anderen bietet die Technische Universität Berlin eine Ausbildung für nachberufliche Lebensbereiche in vier Semestern an, die Menschen ab dem 45. Lebensjahr mit Abitur oder einem Berufsabschluss sowie Hausfrauen eine Weiterbildung beispielsweise zu den Themenkomplexen Ernährung und Gesundheit, Stadt und Kommunikation ermöglicht. Die Absolventen können als Berater, Projektleiter oder Lehrkräfte an Volkshochschulen tätig werden.

Neben den universitären Bildungsmöglichkeiten findet sich außerdem an jeder Volkshochschule ein enormes Angebot zur Weiterbildung; natürlich gibt es auch hier spezielle Seniorenprogramme. Am besten erkundigen Sie sich bei der nächsten Volkshochschule in Ihrer Nähe. Den Hunger nach Weiterbildung können Sie jedoch nicht nur in öffentlichen Einrichtungen stillen: Es gibt unzählige Angebote, das Wissen zu erweitern und bis ins hohe Alter geistig fit und flexibel zu bleiben. Dabei reicht die Palette von einem guten Buch über das Abonnement wissenschaftlicher Zeitschriften bis hin zur Beteiligung an Forschungsprojekten. Wenn Sie keine Grenzen sehen, gibt es auch keine, die Sie nicht überwinden könnten.

Adressen zur Weiterbildung

- Einen Studienführer für Senioren können Sie beim Bundesministerium für Bildung, Wissenschaft und Technologie, Referat Öffentlichkeitsarbeit, anfordern.
- Bundesminsterium für Bildung und Forschung
  Hannoversche Straße 28-30
  10115 Berlin
  PA.: Postfach 229
  10106 Berlin
  Telefon: 030/28 54 0 - 0
  Telefax: 030/28 54 0 - 52 70
  eMail: bmbf@bmbf.bund400.de
- Deutscher Volkshochschul-Verband e. V.
  Obere Wilhelmstr. 32
  53225 Bonn
  Tel. und Fax: 02 28/9 75 69-20
  www.vhs.de
- Ausbildung für nachberufliche Arbeitsbereiche
  Technische Universität Berlin
  Zentraleinrichtung Kooperation – BANA
  Steinplatz 1
  10625 Berlin
- Europäische Lessing-Hochschule für Senioren Meran
  Tel. 00 39/04 73/27 04 02

»Ewige Jugend«: Die wichtigsten Anti-Aging-Verfahren

Die althergebrachten und in ihrer Wirksamkeit unzählig oft erprobten Maßnahmen gegen ein frühzeitiges oder durch Einschränkungen und Krankheiten gekennzeichnetes Altern haben Sie in diesem Buch schon mehrfach kennen gelernt. Dazu gehören Aktivität im körperlichen und geistigen Bereich, regelmäßige Bewegung, die Bereitschaft, immer wieder neue Erfahrungen zu machen, eine gesunde Lebensweise, genussvolles und nicht übermäßiges Essen, die Balance zwischen Anspannung und Entspannung, die Freude am Augenblick, die Gemeinschaft mit anderen Menschen sowie ein humorvoller und gelassener Umgang mit dem Leben – selbst dann, wenn der Körper nicht mehr ganz so funktioniert wie früher.

Doch einigen Menschen ist dies noch nicht genug. Sie suchen nach weiteren Möglichkeiten, das Altern aufzuhalten, und haben in der modernen Forschung auch einige Unterstützung für ihr Vorhaben gefunden. Allerdings, das sei gleich vorausgeschickt, sind die meisten dieser vollmundig angepriesenen »Anti-Aging-Verfahren« in ihrer Wirksamkeit noch keineswegs zweifelsfrei belegt – ja, einige von ihnen haben noch nicht absehbare beziehungsweise bereits bekannte gefährliche Nebenwirkungen. Die Entwicklung in diesem Bereich schreitet jedoch rasend schnell voran, sodass vielleicht in wenigen Jahren bereits Methoden gefunden werden, deren Effektivität noch viel größer ist und die kaum mehr Risiken bergen. Derzeit jedoch kann man trotz aller Euphorie den Großteil dieser Methoden nicht ohne Einschränkung empfehlen.

Antioxidative Therapie

Wie bereits erläutert (siehe Seite 14), gilt als einer der wichtigsten Mechanismen des Alterns die Schädigung von Körperzellen, insbesondere der in ihrem Kern gespeicherten Erbinformation, durch Freie Radikale. Große Mengen dieser Freien Radikalen entstehen bei der Zellatmung, bei der die Zellen mit Hilfe von Sauerstoff aus Nährstoffen energiereiche Moleküle produzieren; diese wiederum stellen ihnen dann für Arbeitsvorgänge – wie zum Beispiel die Muskelarbeit – Energie zur Verfügung. Die meisten der bei diesem Prozess entstehenden Freien Radikale kann der Körper mit Hilfe von antioxidativen Systemen unschädlich machen.

Viele dieser körpereigenen Schutzsysteme benötigen für ihre Funktionsfähigkeit wiederum Vitamine, insbesondere Vitamin A, C und E. Auch Salze verschiedener Mineralstoffe sind Bestandteile antioxidativer Systeme. Deshalb könnte rein theoretisch die Zufuhr großer Mengen dieser Vitamine und Mineralstoffe – so genannter Antioxidanzien – Alterungsprozesse minimieren oder sogar ganz aufhalten. Zwar klingt die Hypothese verlockend, dass, je mehr Vitamine den körpereigenen Schutzsystemen zur Verfügung stehen, umso besser die Angriffe durch Freie Radikale abzuwehren sind; doch ob dies auch tatsächlich funktioniert, hat bisher noch niemand nachweisen können. Daneben haben auch verschiedene Hormone, insbesondere Östrogen und DHEA, die noch zu erläutern sein werden, sowie bestimmte Pflanzenstoffe antioxidative Wirkungen; vor allem Letztere wurden jedoch nur im Experiment nachgewiesen – ob sie im Körper die gleichen günstigen Auswirkungen haben, ist dagegen bislang noch ungewiss.

Vermeidung von zusätzlichen Quellen Freier Radikalen

Freie Radikale entstehen vermehrt bei chronischen Entzündungen im Körper, aber auch bei Allergien, Rauchen, Überfunktion der Schilddrüse, Überernährung, bei starker körperlicher Aktivität (damit ist nicht die regelmäßige normale Bewegung, sondern vor allem Leistungssport gemeint), ferner auch durch Zufuhr von Giftstoffen sowie bei seelischem Stress. Eine wichtige und in aller Regel auch sinnvolle Maßnahme gegen die zerstörerische Wirkung von Freien Radikalen im Körper besteht deshalb darin, den Körper vor ihrer vermehrten Bildung zu schützen.

Das bedeutet im Einzelnen,

- Schilddrüsenüberfunktionen, chronische Entzündungen und Allergien adäquat behandeln zu lassen
- das Rauchen aufzugeben
- sich nicht zu üppig zu ernähren
- Nahrungsmittel weitgehend zu meiden, die Schadstoffe wie Nitrate, Pestizide, Hormone, Schwermetalle und andere gesundheitsgefährdende Stoffe enthalten
- pflanzliche Nahrungsmittel zu bevorzugen, die viele antioxidative sekundäre Pflanzenstoffe enthalten (zum Beispiel Lycopin in Tomaten)
- den Verzehr von Fertignahrungsmitteln (wegen ihres Zusatzes von oxidativen Stoffen), geräucherte Nahrungsmittel und häufiges Braten, Grillen, Toasten und Rösten zu vermeiden
- sich regelmäßig körperlich zu betätigen, ohne jedoch Höchstleistungen anzustreben
- Stress abzubauen und für eine gesunde Balance zwischen Anspannung und Entspannung zu sorgen
- zu langes und intensives Sonnenbaden zu unterlassen, bei dem Unmengen von Freien Radikalen entstehen und vor allem in der Haut zu Zellschäden führen.

Antioxidanzien

Zur Verlangsamung der Alterungsprozesse wird zusätzlich zu den angegebenen Maßnahmen die Einnahme von antioxidativ wirksamen Vitaminen, Mineralstoffen, Aminosäuren, Peptiden und weiteren Biomolekülen empfohlen. Die Dosis dieser Stoffe sollte dem individuellen Bedarf angepasst werden. Deshalb ist eine genaue Untersuchung und Befunderhebung durch einen Arzt eine unabdingbare Voraussetzung, bevor man mit einer solchen Behandlung beginnt.

Empfohlene Substanzen für eine antioxidative Therapie

Vitamine	Vitamin A, Provitamin A, Vitamin C, Vitamin E, Folsäure
Mineralien und Spurenelemente	Zink, Selen, Mangan, Eisen, Cobalt, Kupfer, Molybdän, Chrom
Aminosäuren	L-Cystein, L-Cystin, Glycin, L-Methionin
Peptide und Biomoleküle	Glutathion, L-Carnitin, Coenzym Q_{10}, alpha-Liponsäure

Allerdings ist nicht nur zweifelhaft, ob diese Zusätze zur normalen Ernährung tatsächlich dazu beitragen, Freie Radikale abzufangen – Kritiker weisen außerdem darauf hin, dass zum Beispiel Vitamin C in hohen Dosen die Aufnahme von Kalzium aus dem Verdauungstrakt behindert und damit einer Osteoporose Vorschub leisten kann. Auch Selen scheint nicht nur positive Effekte zu haben: Vermutlich kann dieses Spurenelement als Antioxidanz nicht nur vor Krebs schützen, sondern selbst durchaus auch Krebs auslösen.

Am Abend wie ein Bettler

Je weniger Nahrung Lebewesen zu sich nehmen, desto weniger Radikale entstehen. Dies soll jedoch natürlich nicht der Askese oder gar der Unterernährung das Wort reden, sondern lediglich daran erinnern, dass Überernährung nicht nur dick macht, sondern vermutlich auch schneller altern lässt. Dabei gilt besonders das Fett in der Nahrung als gefährliche Quelle Freier Radikalen, da diese bei der Energiegewinnung aus Fettsäuren in großer Menge anfallen.

Jeder kennt den Merksatz: »Am Morgen sollst du essen wie ein Kaiser, am Mittag wie ein König und am Abend wie ein Bettler.« Immer wieder wird denjenigen, die ein hohes Alter erreichen wollen, empfohlen, gänzlich auf das Abendessen zu verzichten, dies zumindest an zwei Abenden in der Woche zu tun und sich – wann immer es möglich ist – auch an den anderen Abenden kalorienarm zu ernähren. Als Grund für diese so genannte »Dinner restriction« (Einschränkung des Abendessens) wird angeführt, dass der Körper während des nächtlichen Fastens vermehrt Zellen zerstört, die er nicht mehr benötigt – insbesondere auch bösartige Zellen, aus denen sich eine Krebsgeschwulst entwickeln könnte. Außerdem soll die Kalorienreduktion am Abend zu einer besonders günstigen Struktur neu aufgebauter Eiweiße führen. Die Ursache beider Phänomene ist bisher jedoch nicht bekannt.

Darüber hinaus bewirkt der Verzicht auf das Abendessen eine vermehrte Ausschüttung des Wachstumshormons, das in der Hirnanhangdrüse gebildet wird, und von Melatonin, das aus der Zirbeldrüse stammt. Beide Hormone sollen angeblich den Alterungsprozess merklich verlangsamen. Während Melatonin die Körpertemperatur senkt und sämtliche Stoffwechselvorgänge im Körper auf Sparflamme herunterfährt, stimuliert die nächtliche Ausschüttung des Wachstumshormons die Reparaturvorgänge während des Schlafes (siehe auch Seite 167).

Hormone

Die Produktion vieler Hormone, insbesondere der Geschlechtshormone, lässt mit zunehmendem Alter nach. Bei Frauen beendet der Östrogenmangel in den Wechseljahren die fruchtbare Lebensperiode, was sich im dauerhaften Ausbleiben der Monatsblutung zeigt. Außerdem kann das fehlende Östrogen verschiedene Beschwerden verursachen, wie zum Beispiel Hitzewallungen und eine Austrocknung der Schleimhäute; auch die zunehmende Senkung der Beckenbodenmuskulatur, in deren Folge es zu unwillkürlichem Harnabgang kommen kann, soll teilweise durch den Östrogenmangel bedingt sein. Auch beim Mann spricht man immer häufiger von Wechseljahren, die mit einem Mangel an Testosteron einhergehen und für die man früher die diskretere Bezeichnung »Midlifecrisis« verwandte.

Östrogene

Fehlende Östrogene werden in den Wechseljahren vor allem dann ersetzt, wenn der Mangel zu Beschwerden führt, die die Frau stark in ihrer Lebensqualität einschränken. Dazu gehören in erster Linie Hitzewallungen, trockene Schleimhäute, zunehmende Faltenbildung und Haarausfall, aber gelegentlich auch Schlafstörungen, Stimmungsschwankungen und Gelenkbeschwerden. Außerdem schützen Östrogene vor dem vermehrten Knochenabbau in den Wechseljahren, der in eine Osteoporose münden und dann zu Knochenbrüchen und Knochenschmerzen führen kann.

Allerdings weiß man mittlerweile, dass die Östrogenersatzbehandlung nur so lange vor einem Knochenabbau schützt, wie die Hormone auch tatsächlich eingenommen werden. Nach dem Absetzen gleicht sich die Knochenmasse rasch wieder der von Frauen an, die während der Wechseljahre keine Hormone erhalten haben. Nach dem heutigen Wissensstand erscheint regelmäßige körperliche Bewegung und eine kalziumreiche Ernährung als Schutz vor Osteoporose und sogar als deren Behandlung sinnvoller als eine Östrogentherapie.

Die Hoffnung, dass eine Östrogenersatzbehandlung auch die Herzinfarktrate zu senken vermag, sah sich durch eine kürzlich durchgeführte wissenschaftliche Studie jedoch herb enttäuscht. Dabei wurden Frauen, die einen Herzinfarkt erlitten hatten oder bei denen eine koronare Herzkrankheit (siehe auch Seite 52ff.) diagnostiziert worden war, entweder mit einem gängigen Östrogenpräparat oder einem Scheinmedikament behandelt. Dabei stellte sich heraus, dass beide Gruppen etwa gleich häufig einen Herzinfarkt erlitten; bei den Frauen, die mit Östrogenen behandelt wurden, traten allerdings häufiger Venenthrombosen und Lungenembolien auf.

Zwar vermögen Östrogene die Spiegel der Blutfette günstig zu verändern und den Blutdruck zu senken, allerdings scheint dies allein als Schutz vor einem Herzinfarkt nicht auszureichen. Auch hat eine Östrogentherapie keinen Einfluss auf die spätere Entwicklung einer Alzheimer-Krankheit, wie man zunächst hoffnungsvoll angenommen hatte.

Wichtig ist, dass vor einer Östrogenbehandlung der Arzt zunächst einmal feststellt, ob die Beschwerden tatsächlich auf einem Östrogenmangel beruhen. Einerseits gibt es viele Frauen, die gar keinen ausgeprägten Hormonmangel haben, und andererseits verbergen sich hinter so genannten Wechseljahrsbeschwerden, wie zum Beispiel depressiven Verstimmungen, oft auch ganz andere Ursachen. Hinzu kommt, dass den positiven Wirkungen der Östrogenbehandlung ein leicht erhöhtes Brustkrebsrisiko gegenübersteht, weshalb jede Frau genau abwägen muss, ob sie dieses Risiko eingehen möchte. Für Frauen, in deren Familie bereits Brustkrebs aufgetreten ist, verbietet sich eine solche Behandlung von vornherein; dasselbe gilt auch für Frauen, die bereits unter hormonabhängigen Tumorerkrankungen gelitten haben. Auch bei Gallen- und Lebererkrankungen sowie einer Neigung zu Venenentzündungen und Thrombosen sollten Frauen auf eine Hormonersatztherapie lieber verzichten.

Die Dosierung der Hormonersatztherapie muss für jede Frau individuell maßgeschneidert und die Dosis im Laufe der Behandlung möglicherweise mehrmals verändert werden. Ganz wichtig ist auch, dass alle Frauen, deren Gebärmutter nicht operativ entfernt wurde, zum Schutz vor Gebärmutterkrebs parallel zur Östrogentherapie auch Gestagene einnehmen müssen.

Testosteron

Nach dem 50. Lebensjahr lässt die Produktion von Testosteron, dem wichtigsten männlichen Sexualhormon, in den Hoden langsam nach. Allerdings bedeutet dies noch nicht, dass es beim Mann zu Beschwerden aufgrund eines echten Hormonmangels kommen muss. Dies ist sogar eher die Ausnahme als die Regel. Aus diesem Grund ist der Begriff der »männlichen Wechseljahre« in der Wissenschaft auch stark umstritten. Wenn jedoch die nachlassende Testosteronproduktion in einen echten Mangel übergeht, kann sich dies in vermindertem sexuellem Verlangen, Potenzstörungen, aber auch in Hitzewallungen und Schweißausbrüchen sowie Gewichtszunahme, nachlassender Muskelkraft, verminderter Leistungsfähigkeit, Depressionen und sogar Osteoporose äußern. In diesen Fällen, bei denen also ein Testosteronmangel objektiviert werden konnte, ist eine Ersatzbehandlung mit Testosteron gerechtfertigt. Vor der Behandlung mit Testosteron muss jedoch sicher ausgeschlossen werden, dass eine gutartige Prostatavergrößerung oder gar ein Prostatakrebs bestehen, da das Wachstum beider durch die Hormongabe gefördert werden kann. Die Einnahme von Testosteronpräparaten ist dennoch problematisch, weil sie zu einem großen und oft schwer abschätzbaren Teil in der Leber abgebaut werden. Deshalb setzt man heute immer häufiger – wie zur Behandlung des weiblichen Östrogenmangels – hormonhaltige Pflaster ein, über die der Wirkstoff kontinuierlich ins Blut gelangt.

Melatonin

Als lebensverlängerndes Hormon schlechthin gilt Melatonin, das vor allem in der Nacht und in größeren Mengen in der kalten, dunklen Jahreszeit in der Zirbeldrüse produziert wird. Melatonin stellt den gesamten Körper ruhiger, schaltet also alle Lebensvorgänge »einen Gang zurück«. Melatonin fördert den Schlaf, senkt nachts den Blutdruck und drosselt die Stoffwechselvorgänge. Aufgrund der so gesparten Energie, so mutmaßen viele Anti-Aging-Experten, können Reparaturvorgänge im Körper in großem Umfang stattfinden.

Da mit zunehmendem Alter – wie bei vielen anderen Hormonen auch – immer weniger Melatonin ins Blut abgegeben wird und der Körper dessen positive Wirkungen in immer geringerem Umfang nutzen kann, müsste der Ersatz der fehlenden Hormonmenge die Lebensspanne des Menschen theoretisch verlängern. Bisher konnte diese Hypothese jedoch nur an Mäusen und Ratten belegt werden. Gibt man Mäusen jede Nacht eine Dosis Melatonin, so kann dies ihr Leben um 20 Prozent verlängern. Ob sich dies auch auf Menschen übertragen lässt, ist bisher nicht überprüft worden.

Doch auch die viel gepriesene Wirkung von Melatonin als natürlichem schlafförderndem Stoff oder als Immunstimulans tritt nicht immer in der erwünschten Form ein. Bis zu zehn Prozent der Anwender schlafen mit Melatonin nicht besser, sondern schlechter und haben Albträume, oder ihr Schlaf wird durch Kopfschmerzen gestört. Auch die mögliche Aktivierung der körpereigenen Abwehrkräfte kann über das Ziel hinausschießen und besonders bei Allergikern oder Patienten mit Autoimmunkrankheiten eine Verschlechterung ihrer Symptome bewirken. Darüber hinaus ist Melatonin kein Medikament, dessen Inhaltsstoffe und Reinheit von einer Behörde überwacht werden. So kann man nie genau wissen, wie viel von dem Wirkstoff tatsächlich in einer Tablette enthalten und ob er nicht durch andere Stoffe verunreinigt ist.

DHEA

Das »Superhormon« DHEA (Dehydroepiandrosteron) soll ebenfalls lebensverlängernde Qualitäten haben und verschiedene Krankheiten verhindern können, darunter Krebs, Herzerkrankungen und die Alzheimer-Krankheit. DHEA wird in der Nebenniere produziert und erreicht um das 25. Lebensjahr die höchsten Konzentrationen im Blut, die dann immer weiter zurückgehen, bis im Alter von 75 Jahren nur noch zehn bis 20 Prozent der DHEA-Konzentration eines jungen Menschen vorhanden sind. Dabei übertrifft die Konzentration dieses Hormons im Körper bei weitem die anderer Hormone.

Problematisch ist allerdings, dass man bis heute nicht so recht weiß, welche Funktion diese gelegentlich als »Anti-Stress-Hormon« oder »hormoneller Jungbrunnen« hochgejubelte Substanz überhaupt innehat. Gesichert ist lediglich, dass aus DHEA Testosteron und Östrogene, vermutlich auch andere Hormone gebildet werden können. Die positiven Wirkungen einer Behandlung mit DHEA wurden vor allem durch Untersuchungen an Mäusen und Ratten festgestellt, bei denen das Hormon tatsächlich verschiedene Krankheiten, Immunschwäche und Übergewicht verhindern beziehungsweise verzögern konnte. Die wenigen Untersuchungen am Menschen erbrachten dagegen sehr widersprüchliche Ergebnisse.

Postulierte Wirkungen von DHEA

- Zunahme der Muskelmasse bei gleichzeitiger Abnahme des Körperfettes
- Erhöhung der Knochendichte und somit Schutz vor Osteoporose
- Verzögerung der Entwicklung einer Arteriosklerose und damit Senkung des Herzinfarktrisikos
- Steigerung der körpereigenen Abwehrkräfte
- Verringerung des Risikos für Krebserkrankungen, die nicht hormonabhängig wachsen
- Erhöhung der Gedächtnisleistung

Sicher ist man sich hingegen über zu erwartende Nebenwirkungen oder Risiken durch die Einnahme dieser Substanz: Nach dauerhafter Einnahme hoher DHEA-Dosen kann es zu Leberschäden kommen, zudem kann die gesteigerte Produktion von Sexualhormonen aus DHEA bei jüngeren Frauen zum Ausbleiben der Menstruation führen und außerdem einen Kopfhaarausfall sowie eine vermehrte Behaarung am Körper und im Gesicht hervorrufen. Die größte Gefahr besteht jedoch darin, dass DHEA das Wachstum hormonabhängiger Tumore, insbesondere der Brust und der Prostata, fördern kann. Deshalb gehört die Behandlung mit DHEA unbedingt in die Hände erfahrener Ärzte.

Wachstumshormon

Das Wachstumshormon wird in der Hirnanhangdrüse gebildet und stoßweise tagsüber, vor allem aber nachts ausgeschüttet. Das auch Somatotropin oder GH *(growth hormone)* genannte Hormon ist für das Größenwachstum in der Kindheit notwendig.

Aber auch im Erwachsenenalter steuert es das Wachstum aller Zellen und soll durch Aktivierung von Reparaturvorgängen dem Altern entgegenwirken. Beim Erwachsenen geht die täglich produzierte Wachstumshormonmenge langsam zurück, was jedoch in der Regel nicht zu einem echten Hormonmangel führt. Dieser wird jedoch dann vermutet, wenn verminderte Leistungsfähigkeit, Depressionen, Übergewicht, Osteoporose, Fettstoffwechselstörungen und andere frühzeitige Alterserscheinungen auftreten. Kann gleichzeitig ein Wachstumshormonmangel festgestellt werden, so sollte das Hormon in individuell angepasster Dosis einmal wöchentlich unter die Haut gespritzt werden.

Postulierte Wirkungen einer Ersatzbehandlung bei Wachstumshormonmangel

- Zunahme der Muskelmasse und Muskelkraft bei gleichzeitiger Abnahme des Körperfettes
- Zunahme der Knochendichte
- Verbesserung der Funktion von Niere und Herz
- Erhöhung der Produktion von Testosteron beim Mann und von Östrogen bei der Frau
- Steigerung der körpereigenen Abwehrkräfte
- Günstiger Einfluss auf Haut, Haare und Nägel
- Tieferer Schlaf
- Normalisierung des Wasserhaushaltes, zunehmendes Durstgefühl
- Verbesserung der geistigen Funktionen

Bei bösartigen Tumoren darf das Wachstumshormon jedoch nicht gegeben werden, da es deren Wachstum steigern könnte.

Schluss

Bis heute ist also nicht eindeutig belegt, ob die einschlägigen Anti-Aging-Verfahren tatsächlich effektiv und sinnvoll oder nicht doch eher gefährlich sind. Außerdem ist es wohl nicht der richtige Weg, älter zu werden, indem man sich gegen den natürlichen Lauf der Dinge auflehnt. Ewig jung zu bleiben hieße auch, sich nicht weiterentwickeln zu können. Gesund, aktiv und mit Freude älter zu werden bedeutet dagegen, auf die angesammelten Lebenserfahrungen sowie das angehäufte Wissen zurückzugreifen und dabei zwar nicht jugendlich, aber sehr lebendig bleiben zu können.

Denn dieses Privileg haben Sie den Jungen voraus: mehr zu wissen und mehr zu können. Und wenn Sie dabei nicht verlernt haben, zu staunen wie ein Kind und neugierig auf die Dinge zu sein, die Sie noch nicht kennen, dann sind Sie – obschon nicht mehr jung – geradezu beneidenswert mit Leben erfüllt. Genießen Sie also lieber das spannende Erlebnis, älter zu werden, anstatt dem Phantom der Jugend hinterherzulaufen. Lassen Sie sich die Jahre nicht von chronischen Alterskrankheiten verderben, die gar keine sind, sondern nur die Folge eines unachtsamen Umgangs mit Ihrem Körper.

Freuen Sie sich vielmehr darüber, dass Ihr Körper Ihnen in all den Jahren ein wundervolles Zuhause gegeben hat, und gehen Sie pfleglich mit ihm um. Seien Sie ihm nicht gram, wenn nicht mehr alles wie bei einem Zwanzigjährigen funktioniert, und hadern Sie nicht mit dem Schicksal, wenn Sie bisweilen durch Schmerzen oder andere Beschwerden einer chronischen Krankheit auf Ihr Alter aufmerksam gemacht werden. Denken Sie daran, dass der größte Teil Ihres Körpers und Ihres ganzen Wesens gesund und lebenslustig ist. Und selbst der Tatsache, dass die Zeit, die Ihnen bleibt, nun immer kürzer wird, sollten Sie etwas ungemein Positives abgewinnen: Sie lehrt Sie, jeden Tag und jede Stunde so zu genießen wie nie zuvor – als Geschenk.

Zur Autorin

Dr. Gabi Hoffbauer ist Fachärztin für Innere Medizin mit den Schwerpunkten Herz-Kreislauf-Erkrankungen, Ganzheits- und Präventivmedizin. Sie arbeitet als Gesundheitsberaterin, betreut mehrere Koronargruppen, leitet Seminare zur Verbesserung bzw. Aufrechterhaltung der psycho-physischen Gesundheit und ist Autorin mehrerer medizinischer Ratgeber.

e-mail: hoffbauer@compuserve.com
Internet: www.hoffbauer-health-consulting.de

Seminare:
- Kreative Wege zum gesunden Gewicht – ein ganzheitliches Schlankheitstraining
- Funktion und Tiefe – Fitness- und Wellness-Coaching für Herzpatienten
- Mit jedem Jahr mehr Lebensfreude – Fit und gesund in der zweiten Lebenshälfte

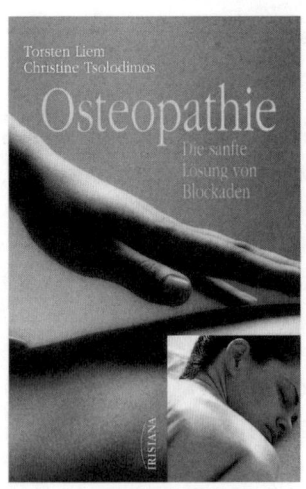

Torsten Liem / Christine Tsolodimos

Osteopathie

Die sanfte Lösung von Blockaden

160 Seiten, Broschur, ISBN 3-7205-2123-0

Was haben Kopfschmerzen mit verstauchten Knöcheln zu tun?
Warum tut der Rücken weh, wenn die Niere krank ist?
Osteopathen erspüren Krankheitsursachen und behandeln
Beschwerden mit sanften Handgriffen. So lassen sich
Verspannungen in Muskeln und Gelenken lösen und
Verkrampfungen in Geweben lockern.
Das Wissen um die Wechselwirkungen zwischen inneren
Organen, Knochen und Gelenken ist die Grundlage der
Osteopathie, einer ganzheitlichen, effektiven und sanften
Therapie aus den USA, die auch bei uns immer mehr mit
großem Erfolg angewandt wird.

Monnica Hackl

Hui Chun Gong

Die Verjüngungsübungen der chinesischen Kaiser

228 Seiten, Festeinband, ISBN 3-88034-870-7

Höchst wirksame Übungen von bestechender Einfachheit –
eine bisher geheimgehaltene, uralte chinesische
Bewegungsform – zur Steigerung von Vitalität und Wohlbefinden,
hier erstmals in der westlichen Welt vorgestellt.
Hui Chun Gong gehört zur Atem- und Bewegungstherapie,
auch bekannt als Qi Gong. Im Gegensatz zu anderen Formen
des Qi Gong sind die in diesem Buch vorgestellten Übungen
in ihren Grundzügen in einem halben Tag erlernbar.
Volle Konzentration und Sorgfalt in der Ausführung sind
das Geheimnis ihres Erfolgs und machen sie zu effektiven
Werkzeugen im Dienst der Gesundheit.

IRISIANA